Ⓢ新潮新書

おおたとしまさ
OTA Toshimasa

受験と進学の新常識

いま変わりつつある12の現実

784

新潮社

はじめに

「どこの塾がいいの？」「どんな学校がおすすめ？」

教育ジャーナリストとして書籍の執筆や雑誌への寄稿を生業にしていると、親しいひとからそうした漠然とした問いを投げかけられることがある。

正直、困惑する。

あまりにざっくりしていて答えようがないからだ。しかし先日、旧知の友人たちと話をしているときに合点した。

２０２０年には大学入試改革が予定されている。教育のグローバル化やＩＴ化も急速に進んでいる。〝親世代の常識〟はもはや役に立たない中で、そもそもどういう観点で何を相談していいのかすら見当が付かないのは無理もない。

地方出身のある友人は「高校までは（自分と同じように）公立でいいでしょ」と思っ

てはいるのだが、同時に「中学受験は本当にしなくていいのかな？」という不安を拭えない。逆に東京で生まれ育っても、急速に価値観が多様化している首都圏の教育事情についていけず、戸惑う友人もいた。

せっかく久しぶりに会ったというのに、昨今の受験事情について講話をしなければならないのでは骨が折れるので、その内容を一冊にまとめた。本書はそういう本である。今後、ざっくりした質問をされたら、まずは本書を差し出そうと思う。

序章から終章まで順番に読み進んでもらえれば、いま日本の受験と進学にどんな変化が起きていて、今度どうなっていくと考えられるのか、理解が深まるようになっている。

あるいは、興味のある章から読んでもらっても構わない。最難関大学進学を盤石にするための教育を探しているのなら、第1章〜第4章を読んでほしい。中学受験をすべきか、高校受験ではダメなのか、疑問に思うなら、第5章〜第9章をめくってみてほしい。そもそも日本の偏差値主義的教育観に疑問を感じるなら、第10章〜第12章が参考になるだろう。

教育・進学・受験というと、どうしても偏差値や学歴社会や東大至上主義的教育観を連想してしまうひとも多いと思うのだが、その現実を受け入れつつ、しかし一方でそうではない教育観・進学観・受験観を醸成できないかというのが常に私の問題意識であり、そのために取材・執筆を続けている。

本書でも、理想と現実の狭間を行ったり来たりしながら、混迷を極める時代において、教育・進学・受験に関する何らかの道標を示すことができればと思う。

※本書記載内容について、確認可能なものはできる限り最新情報に更新していますが、個別の取材によって得た情報は原則的に取材時のままとしています。

受験と進学の新常識　目次

序章　小・中・高のどこで受験すべきか

中学受験か高校受験か

東京の私立中高一貫校で育ったある女性Aさんは、現在小学3年生の息子を私立中高一貫校に通わせたいと思っている。東京在住で、東京においては中学受験はポピュラーな選択肢だし、自分自身の6年間の学校時代はとても良い思い出だったからだ。しかしAさんの夫は、地方の名門高校から東京の有名国立大学に進学した公立主義。中学受験なんて必要ないという。

中学受験をするのなら、いまは小学校3年生の2月から進学塾に通い始めるのがスタンダードである。そろそろ塾選びをはじめなければいけない。しかし夫との話し合いは平行線。時間がない。焦る。

こういう相談を受けたときには私はいつも次のようにお答えすることにしている。

「中学受験をするかしないかはまだ決断しなくていい。とりあえず塾には通ってみたらどうか。4年生のうちは学習サイクルを確立するための1年間。通塾も週2回という場合がほとんどで、いきなり毎晩夜中まで勉強させられるわけではない。宿題が少ないゆるめの塾を選ぶという方法もある。仮に最終的に中学受験をしないと決めても、勉強したことが無駄になることは決してない」

決断の先送りでしかないが、選択肢を保持することはできる。

実際、中学受験をしなくても受験用問題集の基本問題のレベルくらいは解けるようにしておいたほうがいい。いまの公立小学校の勉強だけでは基本知識を覚えるのがせいぜいで、それを活用する訓練が圧倒的に足りていない。たとえばインドの公立小学校の算数の教科書には日本の中学受験用問題集の基本レベルの問題は普通に載っているのだ。

また「小学生のうちは塾なんて行かないで遊んでいたほうがいい」と言っても、実際はテレビを見るかゲームをやるかということになる。

ベネッセ教育総合研究所が小学5年生以上を対象に行った「放課後の生活時間調査(2008年)」によれば、習い事もせず塾にも通わない小学生は、1日平均約111分テレビを見ている。一方習い事をせず塾に通っている子供が塾で過ごす時間は1日平均約97分である。だらだらとテレビを見ているくらいなら塾に通ってくれていたほうがいいと思う親は多いのではないだろうか。

中学受験に取り組む小学6年生の男子は私にこう言った。

「小学生のうちは自由な時間があったってせいぜい夕方5時くらいまで近所で遊ぶだけ。だったらいまは遊ぶのを我慢して、中学生になってから友達と電車に乗って遠くに遊びに行ったりしたほうがいい」

それも一理ありなのだ。

不透明な内申点

東京に住むBさんには、中学3年生と小学3年生の2人の子供がいる。お兄ちゃんはサッカー部で活躍していたが、どちらかといえばシャイで、人前に出てリーダーシップをとるタイプではない。決して不真面目ではないのだが、テストの点数の割には通信簿の成績がふるわず内申点が取れない。しかたがないので都立高校はあきらめ、私立高校に進学することにした。人気進学校に合格したが、Bさんはこう振り返る。

「こんな思いをするのなら、中学受験をしておけば良かった」

そして弟は、この春から中学受験塾に通い始めた。

同様の証言がほかにも多数ある。高校受験の段階になって、「こんなことなら中学受験をさせておけば良かった」と後悔がよぎるのだ。

一方、大人の前でも物怖じせずはきはきと話すことができる中学2年生の女の子は、テストの点数の割には内申点がいい。父親であるCさんは最初不思議に思った。娘に聞いてみると、評定がいいのはバレー部関係の先生が担当する教科だということ。

「そんなのあるんですかね。内申書は一応客観的につけるということになっているじゃないですか。でもこんなに先生の主観に影響されるなんてびっくりしました。それってどうなんでしょうね」

小学校でも先生からの受けが良く、クラスでもリーダーシップがとれるような子供なら、公立の中学に進んで良い内申点をとり、高校への選択肢も広がるだろう。しかしそうでない子はつらい。そんなことも、中学受験をすべきか否かの判断基準になるはずだ。

東京23区では4人に1人が中学受験

中学受験をする場合、さらに選択肢が4つに分岐する。すなわち、私立中高一貫校に進学するか、国立中高一貫校に進学するか、私立大学付属校に進学するか、あるいは公立中高一貫校に進学するかである（公立中高一貫校にチャレンジする場合、建前上、学力試験ではなく適性検査を受けることになるので「中学受験」ではなく「中学受検」とするのが一般的だが、本書では便宜上どちらも「中学受験」と表記する）。

私立や国立の中高一貫校を受けるつもりなら小学4年生には、公立中高一貫校を受ける場合でも5年生には受験勉強を始めるのがいまやスタンダードだ。ということは、「12歳の選択」をするために10歳ごろには塾に通い始めるという決断をしなければいけない。それまでに、12歳における選択肢のそれぞれの意味を理解し、どんな学校で思春期を過ごすのかを決めておかなければいけないわけだ。

4つの選択肢に共通するのは、高校受験を回避できること。

15歳の時点で同世代が一斉に受験競争を行うのは、少なくとも先進国の中では珍しい。日本のほかには中国、韓国、シンガポールなどに見られる東アジア的な進学システムだ。

世界標準の教育学では小学校を初等教育、大学を高等教育と呼び、その間の5〜6年の期間の教育を中等教育と呼んでひとまとめに考える。子供の発達段階を考えたとき、この時期はちょうど思春期にあたり、14〜15歳の反抗期を頂点とした前後数年ずつをひとまとまりとしてとらえるのだ。

たとえば映画「ハリー・ポッター」の舞台である「ホグワーツ」という学校は中学校でも高校でもない。7年制の中等教育学校だ。日本の中高一貫校とほぼ同じ。5年制または7年制の中等教育学校が大学までいくことを前提とした場合のイギリスでのオーソドックスな進学ルートである。

フランスにおける前期中等教育のコレージュと後期中等教育のリセの間には、いわゆる高校入試はない。ドイツのギムナジウムでも、日本の中高生にあたる期間に連続した教育を行う。アメリカでは州によって中学校と高校が分かれているが、その場合においても日本のような高校受験のしくみはなく、むしろ日本の連携型公立中高一貫校（第5章参照）に似ている。

日本でも戦前まで「中学校」といえば、13～17歳の5年間の教育を指すものだった。イギリスの制度を模したものだ。ところが戦後、前期中等教育のみが義務教育化され、後期中等教育が「新制高校」として切り離された。本来は中等教育5年間の全課程を義務教育化したかったのだが、予算が足りなかったからだ。このとき日本の中等教育は真ん中で分断されてしまった。

14～15歳の反抗期は、子供が大人の価値観に対して必死に抗う時期。映画「スタンド・バイ・ミー」に描かれているように、仲間とともにたくさんの馬鹿げたことをして、たくさんの冒険に繰り出し、たくさんのひとに会い、世の中と自分を知る時期だ。一般に言われる「小学生のうちは思い切り遊んだほうがいい」は正しいが、中学生になったらもっと遊ばなければいけない。極論すれば、紙と鉛筆で勉強している場合ではないのだ。

要するに、**高校受験勉強と反抗期の両立は難しい**。

高校受験勉強の圧力のもとでも、大概の子供たちは勉強もスポーツも人間関係もバランスよくこなしそれなりに立ち回ることができるが、一部には、この時期に親子関係をこじらせてしまったり、大人社会への不信感を強めてしまったり、自己肯定感を下げてしまったりする子供もいる。この時点で表面的には問題を起こさなくても、無意識のうちに大人が望む「いい子」として振る舞い続ける癖がついてしまうことで、自分でも自覚の難しい生き苦しさを抱えてしまうこともある。

中学受験というと、いい大学に行くためにするものととらえられがちだが、本来的には、反抗期における大人社会への抵抗や中だるみを十分に経験できる環境を手に入れるという意味があるのだ。さらに大学受験も回避しようとするのなら、私立大学付属校という選択がある。

私立中高一貫校と国立中高一貫校、私立大学付属校を受験するために必要な勉強はまったく同じだ。いわゆるサピックスや日能研や四谷大塚といった中学受験塾に小3の2月から通い、約3年間で準備する。特に最難関校を目指す場合、小5の後半くらいからは受験勉強が過酷になりやすい。

公立中高一貫校対策の場合は塾での指導が異なり、知識よりも読解力と作文力が重視される。対策に要する時間は総じて短く、小4の2月からの通塾がスタンダードである。

費用の面で見れば、国立中高一貫校と公立中高一貫校の授業料は実質的に無料なのに対して、私立中高一貫校に通うと6年間で小さなベンツが買えるほどのお金がかかるといわれている。私立大学付属校はさらに学費が高めだ。

ちなみに少なくとも東京都では、国立中高一貫校と公立中高一貫校の入試が同日に実施されるので、併願はできない。また、国立中高一貫校の中には必ずしも高校進学を保証していない学校もあるので、要注意だ。

驚異的な東大合格率を誇る筑波大学附属駒場中学校・高等学校（通称・筑駒《つくこま》）の場合、

原則的に中学から高校へ全員が進学できるが、筑波大学附属中学校・高等学校（通称・筑附《つくふ》）の場合、中学から高校へ内部進学できるのは8割程度といわれている。東京学芸大学附属高校（通称・学附《がくふ》）の系列3中学（竹早、世田谷、小金井）ではさらに内部進学率が低い（ただし、かつての東京学芸大学附属大泉校である東京学芸大学附属国際中等教育学校は6年間の一貫教育となっている）。お茶の水女子大学附属に関しては、中学校まで男子生徒がいるが高校からは女子校になってしまう。大学への内部進学制度も基本的にはない。

中学受験をしない小学生がすべきこと

ただしこれらは、首都圏および一部の中学受験文化のある地域限定での文字通り〝贅沢〟な選択肢だ。

文部科学省の2017年度「学校基本調査」によれば、全国平均で8％強が中学受験をしていると推測できる（表1）。しかし地域差が大きい。東京は2割を超えている。その続く高知でも約2割の中学生が国立・私立または公立中高一貫校に在籍している。そのほか、神奈川、京都、奈良、和歌山、広島で1割を超えている。それ以外の地域では、

	小学校	中学校	高等学校
全国	1.80%	8.54%	33.33%
北海道	0.72%	3.78%	24.55%
青　森	0.93%	2.77%	27.27%
岩　手	1.12%	1.94%	20.38%
宮　城	1.32%	3.82%	29.39%
秋　田	1.26%	1.83%	10.13%
山　形	1.08%	1.44%	30.38%
福　島	1.34%	2.24%	20.42%
茨　城	1.25%	6.81%	28.42%
栃　木	0.96%	3.55%	31.66%
群　馬	1.38%	4.48%	26.37%
埼　玉	0.74%	5.01%	32.65%
千　葉	1.25%	6.25%	32.39%
東　京	4.76%	26.00%	59.25%
神奈川	2.54%	11.99%	35.68%
新　潟	1.10%	5.94%	24.86%
富　山	0.81%	2.80%	22.18%
石　川	1.25%	2.35%	28.57%
福　井	1.07%	3.42%	27.59%
山　梨	3.91%	6.43%	26.51%
長　野	1.26%	3.90%	19.03%
岐　阜	1.14%	3.44%	21.56%
静　岡	1.24%	6.23%	33.07%
愛　知	0.68%	5.35%	32.07%
三　重	1.28%	5.89%	22.39%
滋　賀	0.88%	5.32%	20.20%
京　都	4.28%	13.67%	45.73%
大　阪	1.90%	9.91%	42.39%
兵　庫	1.52%	8.91%	26.61%
奈　良	5.01%	14.68%	30.26%
和歌山	2.45%	10.51%	18.06%
鳥　取	1.32%	4.71%	23.84%
島　根	1.00%	3.74%	22.48%
岡　山	1.54%	6.72%	33.32%
広　島	1.96%	11.76%	34.92%
山　口	1.12%	6.02%	31.13%
徳　島	2.92%	4.61%	4.65%
香　川	1.99%	5.95%	24.17%
愛　媛	0.82%	9.22%	29.99%
高　知	2.84%	20.36%	31.26%
福　岡	1.36%	6.29%	42.63%
佐　賀	1.30%	7.15%	24.48%
長　崎	1.62%	6.10%	32.67%
熊　本	0.66%	3.80%	36.42%
大　分	1.55%	4.18%	29.59%
宮　崎	1.17%	7.89%	31.34%
鹿児島	1.42%	5.45%	32.76%
沖　縄	1.84%	5.52%	6.27%

表１：一般的な公立校以外に通う生徒の割合

（文部科学省「学校基本調査（2017年度）」より作成）

小学校＝（国立＋私立＋公立以外の義務教育学校１～６学年）／（小学校＋義務教育学校１～６学年）

中学校＝（国立＋私立＋公立以外の義務教育学校７～９学年＋中等教育学校前期）／（中学校＋義務教育学校７～９学年＋中等教育学校前期）

高　校＝（国立＋私立＋中等教育学校後期）／（高等学校＋中等教育学校後期）

悩むことなく高校受験で初めて受験を経験するひとがほとんどだ。

ひとは、自分が受けた教育こそが良い教育だと思い込む傾向がある。小学校のうちは塾には通わず、高校受験で頑張ればいいというのが、日本の大半のひとの考えだろう。

子供の成長を考えたとき、高校受験という選択のメリットはなんであろう。

関西の進学塾の講師はこう説明する。

「中学受験をするなら、それはそれで得るものがたくさんあります。一方、中学受験では、親と塾の先生が力尽くで子供に勉強させれば、志望校合格という目標に対してはなんとかなってしまうものです。でもそれが怖い。子供に受け身の態度が染みついてしまい、本来育てるべき自発性や知的好奇心の芽を摘んでしまうことがあります」

志望校に合格できても、そこで終わりでは困る。その講師はこう続ける。

「その点、中学受験をせずに高校受験で勝負すると決めた家庭であれば、小学生の時点から目先の学力にとらわれず、自発的に学ぶ力を育てることに時間を費やせます。親も焦らずに見守ることができます。それが中学受験をしないという選択のメリットです」

逆にいえば、**中学受験をしないのなら、その代わりに、小学生のうちから自ら計画を立て、自らの意志で勉強ができる子に育てるための工夫をすべきだということだ。**勉強以外に何か夢中になれることがあるなら、スポーツでも音楽でもそれを頑張ればいい。しかし5年生になっても6年生になっても1日だらだら遊んでばかりでいいわけがない。

小学校受験をするのは何%?

先述の学校基本調査によれば、全国の小学生のうちの約1・8%が私立または国立の小学校に通っている。これがほぼ幼稚園受験または小学校受験をした子供の割合だと考えられる。**いわゆる「お受験」層は全国で2%にも満たない**ということだ。この割合が最も高いのはもちろん東京。それでも5%弱である。

一口に小学校受験といっても大きく3つのパターンに分けることができる。

1つは超ブランド私立大学付属の小学校に入り、そのままエスカレーターで大学まで受験要らずの道を進むパターン。首都圏でいえば、慶應幼稚舎、青山学院、白百合、聖心、日本女子大などが人気だ。関西でも2006~2010年に関関同立（関西大・関西学院・同志社・立命館）の小学校設置ブームがあった。

小学校から、公立では考えられないハイレベルな教育が受けられるし、10代を一切受験に邪魔されない究極のゆとり教育を享受できるが、逆にまったく受験を経験しないまま大人になってしまう可能性が高い。それは本来悪いことではないが、厳しい受験競争を勝ち抜いてきたひとたちといっしょになったときに、お互いに違和感を覚えることがあるかもしれない。

ただ最近は、大学で「外に出る」ケースも増えている。白百合、東洋英和などは難関他大学を目指す生徒が多い進学校としても有名だ。東京のお受験の超人気校である雙葉にはそもそも大学がないので必然的に大学受験が待っている。

2つめは国公立大の付属という選択。教員養成用の大学に、臨床研究の場として付属しているケースが多い。東京なら前出の筑波大附属、お茶の水女子大附属、学芸大学附属などの小学校がある。東京以外にも国立大学付属の小学校は多数ある。広島大学附属、奈良女子大附属、金沢大学附属など。ただし前述の通り、これらは完全な一貫校ではない場合が多い。それでも人気なのは、ほとんど普通の公立小学校と変わらない費用負担のみで、私立に負けない最新鋭の教育を受けられるからである。

3つめは東京など一部の地域で限定的に見られる特殊なパターンだが、中学受験をすることを前提に、超ブランド校では<u>ない</u>私立の小学校に進むという選択だ。1つめや2つめのパターンに比べて入試の難易度は低い。「それなら公立の小学校でいいのでは？」

と思うかもしれないが、どうしても公立が嫌だという場合に選択される。

教育費の差は最大3倍以上

文部科学省の2016年度「子供の学習費調査」(表2)によれば、幼稚園から高校まですべて公立を進んだ場合の学習費総額は合計で約504万円。幼稚園からすべて私立を進んだ場合は約1684万円。3倍以上の差が開く。

さらに国公立大学に進めば4年間で約260万円。私立大学に進めば4年間で約545万円が必要だ(表3)。

ちなみに学習塾の費用については意外なことに「中学から私立」のほうが「高校から私立」よりも安上がりになっている。中学から私立の場合の学習

表2:学習費総額

	公立	私立
幼稚園	¥682,117	¥1,445,385
小学校	¥1,934,173	¥9,164,628
中学校	¥1,433,090	¥3,979,521
高等学校(全日制)	¥988,211	¥2,252,179

※学習費総額は、学校教育費のほかに、学校給食費、学校外活動費(学習塾や家庭教師費、家庭内学習費など)、その他の学校外活動費(体験活動・地域活動、芸術文化活動、スポーツ・リクリエーション活動、教養・その他)を含む。
※幼稚園3年、小学校6年、中学校3年、高校3年として計算。
※文部科学省「子供の学習費調査(2016年度)」より作成。

表3:大学学部(昼間部)の学費

	国立	公立	私立
4年間(年間費用×4)	¥2,590,800	¥2,665,200	¥5,446,400

※授業料、その他の学校納付金、就学費、課外活動費、通学費の合計。
※独立行政法人日本学生支援機構「学生生活調査(2014年度)」より作成。

塾費合計は約130万円、高校から私立の場合の学習塾費合計は約150万円なのだ（表4）。

中学受験のために塾に通ったとしても、中高一貫校に通っていれば大学受験前までは塾に行かなくてもいいし、塾要らずを標榜する学校も多い。さらに私立大学付属校であれば塾など関係ない。一方で、公立中学に通って高校受験をする場合には、塾での対策がほぼ不可欠になる。

以上、日本の進学システムをざっと俯瞰した。この見取り図をベースに、次章以降は個別の局面をクローズアップしていく。

本章のポイント

・先生受けの良くない子供は中学受験がおすすめ。
・中学受験をしないなら、小学校高学年で代わりに何かに打ち込むべき。
・小学校の「お受験」にもいろいろ種類がある。

表4：学習塾費

	公立	私立
幼稚園	¥19,982	¥26,828
小学校	¥341,145	¥1,333,255
中学校	¥602,729	¥431,222
高等学校	¥320,770	¥516,877

※幼稚園3年、小学校6年、中学校3年、高校3年として計算。
※文部科学省「子供の学習費調査（2016年度）」より作成。

第1章　勢いがあるのはどんな高校か？

「東大合格者数」の正しい読み方

毎年2月から4月にかけて、「週刊朝日」「サンデー毎日」は毎週のように高校別大学合格者情報を掲載する。東大の合格者は毎年3月10日に発表される。通常これらの週刊誌の発売日は火曜日。しかし東大合格者ランキング掲載号に関しては、発売日をずらしてまで〝超速報〟にこだわる。

２０１５年までは、前期合格者発表後の3月中旬に「前期速報」が、後期合格者発表後の3月末に「前期・後期速報」が、それぞれ発売され、さらに4月に入って「前期・後期確定版」が発売されるという3段階があったが、２０１６年からは「後期」の発表がない。東大が１００人の定員の後期試験を廃し、代わりに推薦試験を設けるようになったからだ。

2018年推薦入試の合格発表は2月7日。179人の志願があり、69人の合格が発表されている。全国の各高校に男女1人ずつ枠がある。男子校、女子校は1人ずつしか枠がないが、共学校であれば1校から2人までエントリーできるしくみだ。

以前は小論文などを課す後期試験でも開成や灘が多数の合格者を出してきたが、今後、現状の推薦入試制度が継続するのであれば、そこで合格者数を伸ばすことはできない。推薦入試の結果について、一般入試に比べて地方校や女子の割合が高いといわれているのにはそういった背景もある。

毎年必ずどこの学校が合格者数を増やし、どこが減らしたのかが話題になるが、実は年ごとの増減にあまり意味はない。東大合格者数には「隔年現象」と「7年後現象」があるからだ。隔年現象とは、現役合格者が多い年には数が伸びるが、その翌年は浪人生が少ないので数を減らす現象だ。7年後現象とは、東大合格者が多かった翌年の中学入試で倍率が上がり優秀な生徒が集まり、その年に入学した生徒たちが卒業するときにまた東大合格者が増えるという現象だ。高校だけの学校の場合は「4年後現象」ということになる。

逆に言えば、受験生やその保護者が中学校や高校を選ぶ際、それだけ東大の合格者数

を意識しているということだ。だから学校関係者もどうしても東大の合格者数を気にしてしまうのである。

参考として、２０１８年と１９８８年の高校別東大合格者数ランキングを掲載しておく（表１・表２）。30年間で上位校の顔ぶれが変化しているのがわかる。ちなみに１９８８年に関西勢が目立つのは、１９８７年と１９８８年の２年間が、東大と京大をダブル受験できた特殊な年だったからである。

受験・進学というと、その頂に「東大」を掲げる癖が、私たちの思考の中にある。いや私たちの文化の中に深く根付いているといってもいい。

歴史の中に理由がある。１８７７年（明治10年）に原初の東京大学ができた。当時それが唯一の大学であり、全国津々浦々から優秀な子供をそこに集めるための進学システムが構築された。小学校に上がるときに、全国民が必ず一度は東大を頂点とする進学ピラミッドの末端に加わり選抜されるというのが、日本の近代学校制度の生い立ちであり、その名残がいまもこの国の受験・進学文化に大きな影響を与え続けているのだ。

本書でもところどころで東大合格者数を一つの指標として便宜上用いるが、冷静に考えれば、現在の東京大学は、東京にある国立総合大学の一つに過ぎない。東大一辺倒の

表１：2018年　東大合格者数ランキングベスト50

順位	国公私立	高校名	所在地	合格者数
1	○	開成	東京	175
2	◇	筑波大附駒場	東京	109
3	○	麻布	東京	98
4	○	灘	兵庫	91
5	○	桜蔭	東京	77
5	○	栄光学園	神奈川	77
7	○	聖光学院	神奈川	72
8	◇	東京学芸大附	東京	49
9	○	渋谷教育学園幕張	千葉	48
9		日比谷	東京	48
9	○	海城	東京	48
12	○	駒場東邦	東京	47
13	○	浅野	神奈川	42
13	○	ラ・サール	鹿児島	42
15	◇	筑波大附	東京	38
15	○	早稲田	東京	38
17	○	女子学院	東京	33
18	○	東海	愛知	30
18	○	西大和学園	奈良	30
20	○	武蔵	東京	27
20	○	甲陽学院	兵庫	27
22		国立	東京	26
22		岡崎	愛知	26
24	○	渋谷教育学園渋谷	東京	25
24		湘南	神奈川	25
24		旭丘	愛知	25
27	○	久留米大附設	福岡	23
28		浦和・県立	埼玉	22
28		千葉・県立	千葉	22
30	○	豊島岡女子学園	東京	21
30		金沢泉丘	石川	21
32	○	洛南	京都	20
33		西	東京	19
33		岐阜	岐阜	19
33		修猷館	福岡	19
36		仙台第二	宮城	18
36	○	開智	埼玉	18
36	○	市川	千葉	18
36	○	白陵	兵庫	18
36	○	東大寺学園	奈良	18
41	○	本郷	東京	17
41		新潟	新潟	17
43		宇都宮	栃木	16
43		富山中部	富山	16
43	○	大阪星光学院	大阪	16
46		土浦第一	茨城	15
47		前橋・県立	群馬	14
47	○	栄東	埼玉	14
47		船橋・県立	千葉	14
47		横浜翠嵐	神奈川	14

※◇＝国立、無印＝公立、○＝私立　データ提供：大学通信

表２：1988年　東大合格者数ランキングベスト50

順位	国公私立	高校名	所在地	合格者数
1	○	開成	東京	162
2	○	灘	兵庫	130
3	◇	東京学芸大附	東京	115
4	○	ラ・サール	鹿児島	96
5	○	栄光学園	神奈川	78
6	○	武蔵	東京	77
7	◇	筑波大附駒場	東京	73
8	○	麻布	東京	72
9	○	洛星	京都	66
10	○	東大寺学園	奈良	63
11		千葉・県立	千葉	62
12		浦和・県立	埼玉	60
13	○	甲陽学院	兵庫	56
14	◇	筑波大附	東京	55
15	○	久留米大附設	福岡	54
16	○	桐蔭学園	神奈川	52
17	○	桐朋	東京	48
18	○	駒場東邦	東京	36
19	○	広島学院	広島	35
20	○	洛南	京都	34
20	○	愛光	愛媛	34
22		湘南	神奈川	32
22		旭丘	愛知	32
24		戸山	東京	31
24		厚木	神奈川	31
24	◇	広島大附	広島	31
27		千種	愛知	30
28		高岡	富山	29
28		岐阜	岐阜	29
28	○	大阪星光学院	大阪	29
31		西	東京	28
31	○	桜蔭	東京	28
31	○	東海	愛知	28
34	○	巣鴨	東京	26
35		北野	大阪	22
35	○	白陵	兵庫	22
35	○	修道	広島	22
38	○	海城	東京	21
38	○	滝	愛知	21
40		川越・県立	埼玉	20
41	○	淳心学院	兵庫	19
41		熊本	熊本	19
43		土浦第一	茨城	18
43	◇	お茶の水女子大附	東京	18
43		国立	東京	18
43		横須賀	神奈川	18
43	◇	大阪教育大附天王寺	大阪	18
48	○	聖光学院	神奈川	17
48		富山中部	富山	17
48	◇	大阪教育大附池田	大阪	17

※◇＝国立、無印＝公立、○＝私立　データ提供：大学通信

呪縛から脱しなければいけないというのが、この国の受験・進学文化の、そもそもの大きな課題であることも頭の片隅に置きながら読み進めてほしい。実際、本書の後半では、「ポスト東大至上主義」的価値観にも踏み込んで考察する予定である。

公立〝躍進校〟の「塾並み」指導

2017年大学入試で、東大合格者数で躍進した高校の一つに神奈川県立横浜翠嵐がある。このときの東大合格者数は34人。前年の20人から一気に増やし、同校としては過去最高の記録更新となる。1998年から2008年まではずっと1桁。そこから年ごとに合格者数を積み上げ、2位の湘南を、ほぼダブルスコアで引き離した形だ。

背景には、行事が盛んで自由な校風で知られる湘南とは対照的な、徹底した学習管理がある。2017年に入学したばかりの高校1年生へ横浜翠嵐が配布したプリントが手元にある。「檄文」と呼んでもいいだろう。過激な内容だ。

「『最初（4月）にどんな絵を描くか』の〝基準〟は極めて重要です。この〝基準〟があなたの3年間を左右します。途中から『基準を変更』したり『目標値を上げる』ことはできません（ほぼ不可能です）」と言い切る。

そのうえで、平日は学年＋2時間、休日は学年＋4時間、家庭学習を必ず実行するようにと命ずる。

「この裏付けなしに、高い進路目標の実現はありえません。（毎月、学習時間調査を行います）」「気が緩む暇はありません。（スマホ、ゲームは1日30分だけ……。本当にそんな暇はありますか？）」とたたみかける。

「すべての学習の指示を本校から出します」

「日々の予習・復習や宿題の指示がたくさん出ます」

進学先のターゲットは、国公立大学（東大、東工大、一橋大、旧帝大、国公立医学部）と明記する。「本校では『私立大推薦受験を目指すこと』は勧めていません」とも。言い回しは東大合格専門塾のそれにそっくりだ。塾に頼るな、ひとに頼るなというメッセージを投げかけてはいるが、実質は学校が塾の役割までをも担っている印象を受ける。

東大をはじめ難関国公立大学に合格することのみを目標にするのであれば、学費は安い、塾代もかからないという点で、神奈川県の保護者にとってこれ以上の学校はないかもしれない。

ただし、2018年大学入試では、東大合格者数を一気に14人にまで落とした。代わりに湘南が25人と躍進し、逆転した。これが単なる隔年現象なのか、管理教育的受験指導の限界によるものなのか、2019年以降に注目が集まる。

ちなみに、2000年代以降、全国的に公立高校の学区が拡大される傾向にある。第9章で詳述するが、それが昨今の公立進学校のランキングを押し上げている面はある。横浜翠嵐も、2005年に学区が撤廃されてから東大合格者が伸びて、湘南高校と並ぶ神奈川県立高校のツートップと言われるようになった。

1990年代は都立高校の低迷期だった。そこで石原慎太郎都知事（当時）が「都立高校復権」を掲げ、1300万人規模の人口を誇る東京全域を1学区にまとめ、さらに一部の都立高校を進学指導重点校に指定し、「地元の国立総合大学である東京大学」をはじめとする難関国立大への合格者数を具体的な目標として掲げさせた。その成果は、少なくとも東大進学という目標においては、目に見えて上がっている。

中でも**日比谷高校**は2018年に48人の東大合格者を出し、およそ50年ぶりにトップ10入りを果たした。もちろん公立高校の中では全国トップ。最盛期1964年の193人にはほど遠いが、1990年から2004年までは15年間ずっと1桁が続き、199

3年には1人にまで減っていたことを考えれば、大躍進だ。いまでは、35年以上東大合格者数ナンバーワンの座にある開成を蹴って日比谷に入学する生徒が毎年15人程度いるという。

1コマの授業時間を45分間にして1日7限の授業を行う、8・9限には特別講座演習を設置する、奇数週の土曜日の午前中には土曜講習を開講する、夏休みの全週にわたって約100の夏期講習を実施する、校内実力試験・外部模試の活用……など、面倒見が良い。

東大に53人の合格者を出した2015年度（2016年入試）には、難関4国立大学（東大・一橋大・京大・東工大）および国公立医学部医学科の現役合格者60人以上、難関3私立大学（慶應大・早稲田大・上智大）の現役合格者200人以上、国公立大学の現役合格者100人以上など、具体的に掲げていた数値目標を余裕でクリアしていた。

その後各数値を上方修正。2017年度（2018年入試）の結果は以下の通り。難関4国立大学および国公立医学部医学科の現役合格者70人以上の目標に対し結果は66人。難関3私立大学の現役合格者230人以上の目標に対し結果は197人。国公立大学の現役合格者100人以上の目標に対し136人。大学入試センター試験5教科の総合得点率80％以上の人数160人以上の目標に対し結果は193人。大学現役進学率60％程度の目標に対し結果は63・5％だった。

現在では、スーパーサイエンスハイスクール（SSH）として高度な理科教育を実践するほか、東京都から「グローバル10」と呼ばれる国際教育推進校に指定され、海外に提携校を開拓するなど、国際教育にも力を入れる。「東大を目指す高校」というイメージを払拭し、さらに一皮むけようとしているように見える。

親世代が知らない私立の躍進校

私立高校に目を向けよう。

千葉県の**渋谷教育学園幕張中学校・高等学校**（渋幕）は「渋幕の奇跡」として知られる。公立王国であった千葉県で1983年に創立すると、初年度から東大合格者を出し、飛ぶ鳥を落とす勢いで躍進。2002年には東大合格者数で王者県立千葉を抜き去り、その差をみるみる広げていった。2012年に初の東大合格者数10位になってからはトップ10の常連だ。

2017年の合格者数は78人で創立者・田村哲夫校長の母校・麻布についに肩を並べ

た。2018年には48人にまで減ったが、かろうじてトップ10に食い込んだ。2011年の東日本大震災の影響で、埋め立て地である幕張の立地が当時の中学受験生に敬遠されたためだと考えられる。これもある意味「7年後現象」である。

渋幕と同系列の学校として1996年に東京都渋谷区に「オープン」したのが、**渋谷教育学園渋谷中学校・高等学校**（渋渋）である。渋幕の評判が追い風となり、当初から多くの中学受験生を集め、一躍、都内共学校の最難関に上り詰めた。

「オープン」と表現したが、実際には「全面改装」というほうがふさわしい。かつては渋谷教育学園渋谷女子高等学校（渋女）という女子校だったのだ。渋渋になるまでは、大学進学実績で名をはせる学校ではなかった。

田村校長が渋女の校長に就任したのは1971年。その後、千葉県の要請に応じて渋幕を開校した。日本の高校としては初めてシラバス（学習計画書）を作成したり、帰国子女を積極的に受け入れ国際教育に力を入れたりと、先進的教育システムが評判となり、その学校運営メソッドを逆輸入する形で渋渋をリニューアルしたのだ。

周囲に私学が少なかった渋幕とは違い、渋渋の周辺には名門私立中高一貫校がひしめく。その中で、新興の学校が東大合格者数を伸ばすのは容易ではない。

東大入試の定員は毎年3000人強。いわば3000脚の椅子取りゲーム。どこかが伸びればどこかが縮む。どこかの学校がどんなに頑張っても、それよりも頑張る学校があれば、合格者は減るのだ。

そんな中、渋幕ほどの勢いはないが、それでも渋渋も堅調に実績を積み上げている。2014年までは10人台で足踏みしていたが、2015年に一気に30人の壁を突破した。2017年と2018年は25人。今後も一定水準を保つだろう。中学受験での偏差値がうなぎ上りしたあとの生徒たちが続々卒業するからだ。

共学校では最難関であり、男女別学よりも共学を好む場合、男子御三家、女子御三家（＊私立中学受験における人気トップ3校の俗称。男子御三家は開成、麻布、武蔵。女子御三家は桜蔭、女子学院、雙葉）を蹴って入学する例も、いまでは少なくない。「入口」でますます優秀な生徒を多く集めるようになっている。

もう一つ、これまた女子校をリニューアルし、成功したといわれる学校がある。**広尾学園中学校・高等学校**だ。中学受験での偏差値は30台にまで落ちこみ、生徒集めに苦慮するほどになっていた順心女子学園を共学化し、2007年にリニューアル。インターナショナルコースを設置、最新鋭の理科実験設備を備え、難関大学合格目標数のマニフェストを発表するなどして注目を集め、実績を出す前から偏差値は急上昇。ほぼ同時期に**東京都市大付属等々力**と**宝仙理数インター**も似たような戦略でリニューアルしたが、現在、広尾学園が一歩も二歩も抜きん出ている。

リニューアル以降は、塾から始まり現在では広く幼稚園から通信制高校、専門学校、海外大学まで経営する巨大教育グループが後ろ盾となっている。塾で培われた受験ノウハウと、潤沢な資金が現在の広尾学園を支えているのだ。

２０１７年の東大合格者数は６人だったが、うち２人は推薦入試での合格。さらに、京大合格者は５人で、うち１人は特色入試で医学部に合格していた。２０１８年には東大・京大の合格者がそれぞれ１人と、数を減らしている。

神奈川県川崎市にある**洗足学園中学高等学校**は、女子校のままリニューアルした。音楽系の学校として知られていたが、中学受験偏差値32の状態から、１９８９年、学校改革に踏み切る。２０００年にカリキュラムを全面改定。国公立大対応型の教育方針に変更し、成果を上げている。２０１６年には２人だった東大合格者が２０１７年には９人になり、２０１８年は７人。２０１７年には最難関の理科Ⅲ類にも合格者を出している。

１９９２年の「サンデー毎日」によると、渋渋も広尾学園も洗足学園も、前身校の国公立大学合格者はほとんどなし。かろうじて広尾学園の前身が、MARCHに数人という程度だった。

東京都豊島区の**豊島岡女子学園中学校・高等学校**も躍進校として注目されている。いやすでに、躍進校と呼ぶのはふさわしくないかもしれない。いまや女子御三家とも肩を並べるトップ進学校の仲間入りを果たしている。

現在の親世代が中高生だったころの中学受験偏差値は50台半ば。超人気進学校というイメージはなかったはずだ。実際当時は都立高校の滑り止めという立ち位置に甘んじていた。しかし1989年、中学入試の日程を2月1日から2日に移動。すると、1日に女子御三家を受けた優秀な受験生たちが2日に豊島岡を受けるようになった。前後して、最寄り駅の池袋を通る路線が大幅に拡張し、通学可能地域が飛躍的に広がったことも追い風となった。

2003年からは学校内の改革に取り組み、大学受験を見据えた6年間のカリキュラムを整えた。ほぼ毎週実施される小テストで、基礎学力を担保する。

2016年には東大合格者41人を記録したが、2017年には21人に半減。2018年も21人だった。今後の巻き返しが期待される。

ユニークな立ち位置で東大合格者数を伸ばしているのが、早稲田中学校・高等学校だ。早稲田大学の目の前にありながら、実は大学の付属校ではない。大学とは別法人が運営する「系属校」という立ち位置にある。「もし早大に行きたいのなら推薦申請を出す」というスタンス。例年およそ半数の生徒が早大に進学するが、進学校としての実績にも目を見張るものがある。

1990年代には10人前後、その後は15人程度の東大合格者を出していたが、近年はその倍くらいを維持している。2018年の合格者は38人だった。東大のほかにも難関国立大、国公立大医学部への進学者が多い。早大への内部進学も難関国公立大も狙えるハイブリッドな学校だ。私立大学付属校・系属校の人気は現在高まっており、この手の学校が今後増える可能性はある。

「偏差値バブル」のカラクリ

何事も硬直化するのはよろしくない。躍進校が存在感を示し従来の学校の序列を崩すことは、私学文化の発展という意味においては良い刺激になる。

しかし一方で、私立中高一貫校のリニューアルブームの中、特定の学校の入試難易度を示す偏差値がバブル的に上昇するケースも散見される。

バブル的な偏差値は、長い年月を経て評価を積み重ねてきた学校の偏差値とは意味が違う。くれぐれも偏差値だけで学校の価値を判断してはいけない。

偏差値が急上昇するしくみはこうだ。

入試回数を増やして1回あたりの募集定員を減らせば、倍率は上がりやすい。倍率が上がれば結果偏差値（＊各受験生の模試での偏差値を、実際の中学入試での合否結果と照らし合わせて算出される。80％の確率で合格できることを示す偏差値を「80％結果偏差値」、50％の確率で合格できることを示す偏差値を「50％結果偏差値」などと呼ぶ）も上がる。「特進コース」のような特別枠の入試を設定し、合格者をごく少数に絞るのはまさにそういうケースに当たる。

入試日を変えることでも偏差値は変動する。特に首都圏で、2月1日の午前中の入試を、2月2日以降に変更すると、偏差値は跳ね上がる。

2月1日は東京・神奈川の私学の間で取り決められた中学入試解禁日。御三家をはじめとする難関校が一斉に入試を行う。しかしどこか一つを選ばなければならない。だから優秀な生徒が分散する。しかし、たとえば御三家の一角が、仮に2月2日に入試日を変更したらどうなるか。おそらく2月1日に別の御三家やそのほかの難関校を受けた受験生が、2日にはその学校に集中するだろう。それだけで倍率は高騰し、結果偏差値も上がる。

さらに昨今では午後入試も盛んだ。午前中に1校受け、急いで移動し、午後にもう1校受験する。中学入試のダブルヘッダーだ。

たとえば2月1日の午後の入試には、同じ日の午前中に難関校を受験し終えた受験生が集まるため、ここでも結果偏差値が高めに出る。2月1日の午前と午後の両方に入試を行う学校で、総じて午後入試の結果偏差値のほうが高くなるのはそのためだ。ただしそういう学校では入学辞退者が多くなる。だからその分定員の何倍もの合格を出している場合が多い。実際には合格者の上位層が抜け、下位層が入学する。実際の入学者の偏差値は、見た目上の結果偏差値よりも低くなりやすい。

同様の理屈で、千葉・埼玉では偏差値が高く出る傾向がある。東京と神奈川の私立中学の間では、2月1日を入試解禁日とすることを取り決めているが、千葉・埼玉はその限りではない。1月中旬から入試がはじまる。2月1日の本命入試を前に、東京や神奈川からいわゆる「おためし受験」にやってくる受験生が多く、受験者数が非常に多くなる。2月には超難関校を受けるような受験生もやってくるため、複数回ある入試日程のどこかで定員を絞れば、その入試の結果偏差値は高めに出る。

さらに細かいことをいえば、合格発表のタイミングも影響する。最近ではインターネットによる即日合格発表が当たり前のように行われるようになった。午前中に受験して、その日の夕方には合否がわかる。その結果によって翌日の受験校を変更するというスクランブル態勢で入試本番に臨む家庭も多い。

合格していれば翌日は強気の受験ができるし、不合格であれば翌日は安全圏の学校を受験することが可能。受験生親子にとってみれば、ありがたい。同じくらいのレベルの学校であれば、合格発表まで時間がかかる学校よりも即日合格発表をしてくれる学校に人気が集まることになる。

昨今、できるだけ多くの受験生を集めたい私立中高一貫校は、入試回数を増やす傾向にある。首都圏ののべ中学入試回数は約1200回。学校数は約300。1校あたり平均約4回の入試を行っている計算だ。**Aという学校に行きたいと思っても、1回目の入試を受験するのか、2回目の入試を受験するのか、特進コースを狙うのかによって偏差値が大きく異なる。**

競合の少ない日程に適度な募集定員の入試を設け、うまく広報すれば、そこだけでも偏差値が上がる。するとその偏差値が注目されて、ほかの入試日の偏差値も上がる。これを私立中高一貫校の入試広報担当者の間では「入試戦略」と呼ぶ。

某校長から衝撃的な発言を聞いた。

「後発の私学が手っ取り早く優秀な生徒を集めたいのなら、タワーマンションに住む『学歴成金』を狙うのがいい」

「学歴成金」とは、地方の進学校から東京の難関大学に進学し、そのまま東京の一流企業に勤める共働き富裕層のことらしい。彼らは良くも悪くも学校に対する先入観がないので、偏差値が上昇して注目を浴びる学校に反応しやすい。しかも教育熱心なので、子供もできがいい。一方、もともと東京で育ったひとたちは、良くも悪くも各私学に対する固定化されたイメージをもっているので、リニューアルして入試戦略を講じたところで響きにくいというわけだ。

勢いのある学校に、「先物買い」として飛びつくのも回避するのも自由だが、「バブル偏差値」のしくみは理解しておくべきだろう。

本章のポイント

・東大合格者数は単年で比べても意味がない。
・公立高校躍進の背景には学区拡大がある。
・急伸する私立中高一貫校の「バブル偏差値」にはご用心。

第2章　大学受験の塾・予備校選びの注意点

実際より2000人以上多い東大合格実績の謎

前章で紹介した躍進校の生徒たちみんなが、学校だけで勉強していると思ったら大間違いだ。詳しくは第3章でも触れるが、有名進学校の生徒の多くが、難関大学への華々しい合格実績を誇る塾や予備校に通っている。

しかし塾や予備校の合格実績には、実は、謎が多い。

たとえば2018年の東大合格者は合計3083人だった。一方、塾や予備校の合格者数は、駿台予備学校1400人、河合塾1305人、Z会1074人、東進725人、鉄緑会418人、SEG121人、グノーブル118人、臨海セミナー134人、早稲田アカデミーグループ72人、Y－SAPIX（代々木ゼミナール傘下）5人など。以上を合算するだけでも、ゆうに5000人を超える。

なぜこんなことが起こるのか。以下、2017年に各塾・予備校へ取材して判明した内容をベースに説明する。

理由の一つは簡単だ。大学受験では選択科目の幅が広いので、塾や予備校での対策も科目単位となる。**数英国をそれぞれ別々の塾に通えば、1人の合格者が3つの塾で合格者としてカウントされる。**全教科セット受講が原則である中学受験や高校受験の塾の合格実績とはそこが違う。

もう一つ、やっかいな理由がある。まず「前提」から説明する。

塾・予備校の場合、どこまでが「生徒」なのか判断が難しい。ある塾に高1から通っていたが高3の夏休みにやめた生徒は、その塾の生徒なのか。それで合格したら、その塾の合格者にカウントしていいのか。逆に、入試直前に数時間の対策講座を受けただけで、その塾の「生徒」として合格者にカウントしていいのか。結果的に、1人の合格者が何重にもカウントされている可能性がある。業界として明確な線引きはない。

そこで各塾・予備校がホームページなどで発表している合格実績に添えられた注釈を確認してみる。

駿台も**河合塾**も大規模な模試を実施しているが、公開模試のみの受験生は含んでおらず、「在籍生（在籍者）および講習受講生」の実績である点が共通している。正規の在籍生（在籍者）以外に、たとえば夏休みの古文集中特訓講座を受けてそれっきりの生徒も、合格者として集計されている可能性がある。

一方で、模試はもちろん、短期の講習を受講したのみの生徒は合格者数に含めないと明記しているのが東進だ。高２以前に在籍していただけの生徒も除外しているという。この点を見ると、東進のほうが良心的なように感じる。さらに「現役予備校」を標榜する東進は、現役生のみをカウントしていることもわかる。

東進の創立は１９７１年。１９９２年から「東進衛星予備校」の名称で全国の塾に映像授業を配信して、急速に勢力を拡大した。映像授業形式の塾の草分け的存在だ。駿台、河合塾、代ゼミが学校法人であるのに対し、東進はナガセという株式会社が運営する。現在ナガセは中学受験塾の老舗・四谷大塚の親会社でもある。

塾・予備校の合格者数は単純比較できない

駿台や河合塾と並んで３大予備校と呼ばれた代々木ゼミナールは２０１５年以降予備校事業を一気に縮小しており、現在は合格実績すら発表していない。代わりに現役生を主な対象とするY－SAPIXに力を入れるが、2018年の東大合格者は1桁。注釈を見ると、テスト生や各種講習生および途中退塾者は含まず、駿台や河合塾よりも狭い意味で「生徒」を定義していることがわかる。

駿台、河合塾の傘下にも、現役生を主な対象にした塾がある。駿台中学部大学受験コース（中高一貫）、駿台の東大進学塾エミール、河合塾MEPLOなどだ。そこでの合格者数のカウント方法は、駿台全体、河合塾全体とは異なる。注釈を見比べてみると、いずれも模試や講習のみの生徒は含まないという。エミールとMEPLOは現役生のみの数字で、途中退塾者は含まないと明記。MEPLOはさらに、母数である在籍者数も明記され、「消費者」側からすれば実態がわかりやすい。駿台中学部大学受験コース（中高一貫）の実績が既卒生を含んだものかどうかはパンフレット上では不明だが、広報に確認すると、「一浪」までを含んでいるとのことだった。

通信教育大手のZ会は塾・予備校が少ない地方の高校生には強い味方だ。注釈の中には気になる言葉がいくつかある。

まず「映像コース受講生」。これはインターネットで配信される映像授業を自宅で受けた生徒で、パンフレットには、「Z会の教室生合格者数は、教室本科生・講習生、映像コース受講生、および提携塾のＺ会講座受講生の集計であり、模試のみの受験生は含みません」とある。教室事業の合格者としてカウントされていることがわかる。

さらに気になるのは「提携塾」という表現だ。Ｚ会は栄光ゼミナールや関西のウィザスなどと資本提携関係にある。Ｚ会に確認したところ、「栄光、ウィザスなどでＺ会の通信教育コース、映像コース、または教室テキストを受講・利用した場合は、Ｚ会の合格実績に含めている」とのことだった。

Ｚ会のホームページでは、グループ全体の合格者とは別に、通信教育受講者と教室受講者のそれぞれの合格者数が掲載されている。

このように、「合格実績」の下に小さく書かれている注釈を見比べることでようやく、それぞれの塾・予備校が、どの範囲までを「在籍生（在籍者・生徒）」と見なして合格者を集計しているのかが見えてくる。逆に言えば、数字だけの単純比較は危険である。

高校別東大合格者数など大学関連のデータ収集・分析を行う「大学通信」の安田賢治さんが言う。

「どこまでを在籍者とみなし、合格者を集計するかは、塾・予備校によってばらばら。ただし、さすがに模試だけの生徒や短期間の無料講習だけを受けたような生徒は合格者には含めない点については、業界内の共通認識になっているはず」

ちなみに大学通信では塾・予備校別の大学合格者数データを扱っていない。理由は「単純比較ができる正確な数字を把握することが困難で、どうしても矛盾が生じるから」とのこと。

成績が良ければタダ同然

以上が「前提」。本題はこれから。

普段通っているのとは別の塾・予備校の講習に参加しただけで、そちらでも合格者に数えられる場合がある。これがますます「合格実績」の実態をわかりづらくしているという話だ。

通年で本科の授業を受講していなくても、夏期講習や直前対策講座だけに参加した生徒を合格者に数えることができるのならば、模試などで優秀な成績を収めている生徒たちを狙い撃ちで集めた特別な講習を開き、そこからの合格者を実績に加えることも可能だ。期間限定の講習であれば、1人の受験生が複数の塾・予備校に通うことができる。

実際に、優秀な受験生を複数の塾・予備校が「シェア」している実態が見受けられる。

これがやっかいな話題なのである。

最も話題になりやすいのは東進「東大特進コース」の「特待生制度」である。これは、高3の場合、「新年度プレ講座」に始まり「直前対策コース」まで9つのタームから構成される東大対策のための講座。

入会金は税込み8640円。そのほか講座ごとに受講料と、1200円か2200円の教材費が必要だが、**各社の模試で優秀な成績を収めた受験生は、「特待生」の特典を受けられる。**成績によってタームごとに2～6講座の受講料が免除されるしくみだ。

次章で詳しく紹介する東大受験専門塾鉄緑会の卒業生を取材すると、ほぼ全員が、普段は鉄緑会に通いながら、特待生としてスポットで東大特進コースの授業を受けていた。特にテレビでおなじみの林修氏の授業は「本当に役に立つ」と好評だ。東大特進コースへの申込書類を見ると、「入会資格」には「合格科類・高校名・氏名の合格者名簿及び新聞掲載を了承すること。また、合格体験記、アンケート等に協力すること」とある。

東進でアルバイトをしていた現役東大生は「東大の2次試験まで1カ月を切ったタイミングで実施される『直前対策コース』を受講しただけの生徒も、合格者としてカウントしていた」と証言する。

東進のこのやり方には業界内から批判も多い。2017年に東進に確認すると、「直前対策コースにおいても、90分×20回の条件を満たしていない生徒は合格実績に含めていない。2016年度直前対策コース／直前テストゼミのみを受講して東大の合格実績にカウントされている生徒は2名のみ」と断言した。2016年度、東進からの東大合格者742名の内訳は、直営の東進ハイスクール生154名、フランチャイズの東進衛星予備校生347名、東大特進コース生241名だったとのこと。

息子を有名私立進学校に通わせていた父親は、次のように証言する。

「特待生制度は高2の途中からですが、それまでも東大志望者であれば教材費も含めて無料。しかも林修さんが直々に添削をしてくれたうえで、宅配便で送り返してくれました。高2途中で模試の提出を求められ、うちはたまたまA判定だったので、以後、教材費しかかかっていません。高3の前期でまた模試の提出を求められましたが、最初の東大本番レベル模試がA判定だったため、最後まで教材費のみで授業を受けられました。また70人以上の現役東大生のアルバイトがいつでも相談に乗ってくれます。家にもちょくちょく、『何か困ったことはありませんか』と電話をくれて至れり尽くせりでした」

普段は別の塾に通っていたが、東進のおかげで国語と物理の苦手を克服し、東大に合格できた。東進の合格者名簿に息子の名が並ぶことに違和感はないという。

たった半日の受講でも「合格者数1」

２０１０年から２０１８年の間に東大合格者数を19名から１３４名にまで増やした**臨海セミナー**には「東大ゼミ生」の制度がある。

東大志望者で、基礎学力テストで一定ラインをクリアすれば、登録手数料３０００円（税抜）のみで、東大テストゼミ（年10回）参加無料、東大テストゼミの問題・解説冊子10回分無料、添削指導何度でも、電話・メール・ＦＡＸによる学習相談の特典が受けられる。東大テストゼミとは、週末に行われる東大入試そっくりのテスト&その解説授業の講座で、東大ゼミ生は自宅で解答し、郵送で添削してもらうこともできる。

臨海セミナーの合格実績の注釈を読むと、郵送での添削指導を受けただけでも合格者にカウントされていることがわかる。２０１７年3月時点で臨海セミナーに聞くと、「今年度の添削指導の平均回数は35・5回。2次試験時点で添削指導が5回未満の生徒に関しては合格者にカウントしていない」というスタンスであることがわかった。

早稲田アカデミーグループのホームページを見ると、グループ全体の合格実績とは別に、早稲田アカデミー大学受験部、早稲田アカデミー個別進学館・個別指導MYSTA、野田クルゼ現役校のそれぞれの合格実績が、在籍生概数とともに掲出されている。非常に丁寧だ。しかしそこには夏期・冬期に実施される「東大合宿」の授業に参加しただけの生徒も合格実績に含まれていることも示唆されている。

2016年末には4泊5日で「東大合宿」が実施された。東大を目指すトップレベルの生徒150名を集めて行う勉強合宿。それまで早稲アカと関わりがなかった生徒でも、成績優秀なら参加できる。早稲田アカデミーに確認すると、「夏期と冬期の両方に参加した生徒は合格実績に含めているが、どちらか一方の場合は含めていない」との返答。冬期合宿の費用は塾生で8万9000円、一般生で9万9400円だったという。

駿台は2017年1月下旬、「東大数学全問完答のためのストラテジー」という半日の特別授業を、東京と兵庫で開講した。受講料は文系1000円、理系2000円と格安だ。「ご案内」文書には「冬期・直前講習案内書非掲載講座」とある。模試で優秀な成績を収めたごく一部の受験生にしか声がかからないものらしい。この講座へのたった半日の参加者も合格者にカウントされるのか。駿台の返事は「YES」だった。

3年間本科授業を受けても「合格者数1」。直前の講習や合宿に参加しただけでも、

提携塾での映像授業を受講しただけでも、郵送による添削指導を受けただけでも「合格者数１」。それが各塾・予備校が発表している合格実績の実態だ。一律の決まりを設けることはすぐには難しいにしてもせめて、何をもって「在籍生」「合格者」としているのかは注釈に明記してもらいたいものである。

「特待生」の授業料は誰が負担？

全国学習塾協会は、「学習塾業界における事業活動の適正化に関する自主基準実施細則」として、合格実績に関してガイドラインを設けている。要点をまとめれば、「入試直前の半年間のうち少なくとも3カ月以上その塾に在籍しているか、集中的に50時間以上の指導を受けていること。そしてそれらは有料でなければいけない」。各塾・予備校への法的な拘束力はないが、合格実績表示があまりに悪質な場合は、「優良誤認表示」の誇大広告として消費者庁からの指導が入ることもある。

某大手進学塾の職員は10年ほど前、日本広告審査機構（ＪＡＲＯ）からの「問合せ」に対応したことがあると告白する。チラシに掲載した合格実績に根拠を求められたのだ。事なきを得たが、こうもらす。

「個人情報の問題があるので名簿を見せられず、合格者数算出のしくみの説明に大変手間どりました。私立大学付属校の内部進学者を合格者に含めていたことが齟齬の原因でした。内部進学にも学力試験があり、そのために当塾に通ってくれていたのでいいだろうと判断していましたが、翌年からは基準を改めました。もっとも、昔は合格者名簿をそのまま提示し、それが信憑性の担保になっていた面もあります。個人情報保護の流れが、合格実績のブラックボックス化を招いているのは皮肉ですね」

また、ある塾関係者が明かす。

「某所で説明会を開催し、模試を実施した塾がありました。そのエリアには教室がないのに。成績優秀者は合宿に無料招待されました。彼らも合格者にカウントされたのではないでしょうか。だとしたら、さすがにやりすぎではないかと思います。新たな懸念はweb受講の普及です。模試での成績優秀者にタダ同然でweb授業への参加を促せば、エリアに関係なく、広く囲い込みが可能です。それをどこまで自塾の合格実績にするのか、倫理観が大いに問われる問題だと思います」

それぞれの塾・予備校には得意分野や講座構成がある。それらを一律にして業界内の足並みをそろえるのは容易ではない。そうだとしても、「消費者」からすれば何を信じていいのかわからないのが塾・予備校の「合格実績」なのである。

首都圏の中高一貫校生御用達の老舗英語塾である平岡塾は、2年ほど前から合格実績の発表をやめた。

「うちは単科塾だし、昨今は東大以外の大学を目指す生徒も多い点を踏まえ、宣伝のために労力を割いてまで合格者数を集計する必要はないという結論に至りました。合格者数を誇示して塾の実力をアピールする時代は終わったのでは」という理由である。

さらに強調しておきたいのは、各塾・予備校が合格実績を競い合う中で、成績が優秀であれば経済的に優遇される点である。

模試の成績が優秀な生徒がほとんど無料で高度な授業を受けられるとしたら、その実費はほかでもない、成績が彼らほど優秀ではない生徒たちが負担していることになる。成績下位層が塾・予備校にお金をつぎ込めばつぎ込むほど成績上位層の成績が向上するという逆進的構造は、どう考えても不健全だ。

本章のポイント

・1人の受験生の「合格」が複数の塾でダブってカウントされている。
・超短期間の格安な講習を受けただけでも合格者にされていることがある。
・学力トップ層の授業料をそれ以外の生徒たちが負担している構造がある。

第3章　最難関大学への〝王道〟あり

東大医学部の6割以上を占める塾

圧倒的なシェアで、日本の〝頭脳（エリート）〟を育てている塾がある。**サピックス小学部**（以下、サピックス）と、前章にも登場した**鉄緑会**だ。

小学生のいる親なら、サピックスの名前は聞いたことがあるだろう。超難関国私立中学の合格者数で〝ひとり勝ち〟状態の進学塾だ。たとえば開成の中学入試の募集定員は300名だが、2018年のサピックスからの合格者数は263名。同様に、筑駒では定員120名に対して85名、桜蔭では定員235名に対して164名。実際、各校は募集定員よりも多めに合格を出すが、それでも、**超難関中学に合格した子供に「どこの塾に行ってたの？」と聞くと、半分以上の確率で「サピックス！」と答えるのである。**

一方、鉄緑会を知っているひとはそれほど多くないだろう。ごく一部の超難関中高一貫校の生徒を対象として、東大・京大および難関大学医学部合格のための指導を行う秘密結社のような塾だからだ。東京本校と大阪校の生徒を合わせても1学年の人数は1000人にも満たないはずだが、2018年入試では418名が東大に、84名が京大に、484名が国公立大医学部に合格した（いずれも既卒生を含む）。**特に驚異的なのは最難関の東大理Ⅲの実績だ。東大の中でも図抜けた成績が必要とされる、主に医学部に進学する科類である。定員100名に対し、鉄緑会出身者が61名（そのうち東京本校は45名）。**圧倒的なシェアである。

鉄緑会東京本校には指定校制度がある。表1はそのリストだ。首都圏の、東大合格者数ランキング上位校をそのまま並べたような顔ぶれである。驚くべきは筑波大附属駒場（以下、筑駒）、桜蔭、開成の総生徒数に占める鉄緑会通塾率の高さ。**筑駒生の約6割が、桜蔭生の約半数が、そして開成生の約4割が、鉄緑会に所属しているのだ。**大阪校には指定校制度はないが、灘生の約3割が鉄緑会に籍を置いている。京都の洛南や兵庫の神戸女学院、大阪の四天王寺からも多数の生徒が通う。

サピックスから名門男子校に合格した子供の父親に聞いた。

「中学受験を終え、早速息子は鉄緑会に入塾しました。息子が通っていたサピックスの

表1：鉄緑会東京本校の指定校

	2018年 東大合格者数	鉄緑会 所属者数	生徒総数概数 (中高6学年)	鉄緑会 通塾率
筑波大学附属駒場	109	479	840	57.0%
桜蔭	77	717	1440	49.8%
開成	175	783	2100	37.3%
筑波大学附属	38	251	1335	18.8%
麻布	98	319	1800	17.7%
雙葉	13	181	1080	16.8%
海城	48	291	1920	15.2%
駒場東邦	47	216	1440	15.0%
豊島岡	21	249	1800	13.8%
女子学院	33	182	1440	12.6%
渋谷幕張	48	117	1845	6.3%
栄光学園	77	60	1080	5.6%
聖光学院	72	57	1350	4.2%

※鉄緑会HP、各校のHP、および週刊朝日2018年4月20日号より作成。

校舎は、上位クラスの生徒が約40人いましたが、鉄緑会の初日に、そのうちの10人と会ったそうです。息子とは別の曜日に通う生徒も含めれば、サピックス以来の塾友が、かなりの確率で鉄緑会に通っているのではないかと思います」

サピックスから超難関私立中学に合格した生徒たちの多くが鉄緑会に通うという、〝学力トップ層のための王道〟がくっきりと見える。そしてまた彼らの多くが、最難関大学や医学部に進み、エリートとして日本社会に輩出するのだ。この状況、「塾歴社会」といっても過言ではない。

東大合格の秘訣は何か？

鉄緑会の創立は1983年。当時〝劇場型〟などと呼ばれた大手予備校の画一的な受験指導に疑問を抱いた東大医学部・法学部の学生や卒業生が集まってつくった。東大医学部の同窓会組織「鉄門倶楽部」と、東大法学部の自治会「緑会」から一文字ずつを取り、塾名とした。

いまでこそ東大合格者数トップ10常連の桜蔭も、実は東大合格者が増え出したのは80年代以降のこと。偶然かもしれないが、鉄緑会の登場と重なる。開成や桜蔭レベルの学校も、現役での東大合格率は3割程度だ。しかし、**鉄緑会の在籍者は半数以上が現役で東大に合格する**。なぜ、これほどの実績をたたき出せるのか。

東京本校の指定校は表1の13校のみ。これらの生徒であれば、中1の春に限り、「入会選抜試験」が免除されるが、それ以降は、指定校の生徒も入会選抜試験を受けなければ入塾できない。逆に、指定校以外の生徒でも、試験に合格すれば入塾は可能だが、簡単ではない。かつては武蔵や巣鴨や白百合なども指定校になっていたが、いまは違う。逆に、第1章で〝躍進校〟として取り上げた豊島岡や渋谷幕張などは、比較的最近指定校に追加された。在籍している生徒の学力を見て、適宜指定校を差し替えている。

彼らを20～25人程度の学力別クラスに分け、東大や難関大医学部の卒業生である専任講師および院生、学部生が教える。学生講師がほとんどとはいえ医学部（卒業まで最低6年間かかる）在学生や院生が多いので、在籍期間が長くベテランの域に達している者も少なくない。もちろん鉄緑会の卒業生なので、ノウハウも知り尽くしている。

進学校の中でもトップレベルの生徒たちが集い切磋琢磨する環境。さらに、生の東大生、しかも医学部の学生と常日頃から直に接することで、東大や東大医学部を身近に感じられる心理的効果は計り知れない。

そのうえで、**「ギリギリ」ではなく「余裕をもって」東大に現役合格できる学力を身につけるのが鉄緑会の理念。**そこから逆算した6年一貫のカリキュラムがある。この完成度が高い。教材の量も多い。その点は他塾の講師も舌を巻く。これを完全にこなし、絶対に取りこぼしがないように、必要ならば何時間でも居残りさせ、徹底的に指導する。進度も速い。中学3年間の内容を中1で終わらせる。

1週間で1教科あたり2～3時間分を目安として宿題が出されている。それを難なくこなす優秀な生徒が多いのだが、冒頭の名門男子校生徒の父親は、「うちの子は、まだ要領がつかめず、いまはその3倍近くかかっています」と首をかしげる。

鉄緑会の元講師は「**もともとできる子なら100やれば東大に合格できるところを、そこまでの実力のない子供に500やらせて確実に合格させるのが鉄緑会のやり方**」と教えてくれた。

ある中高一貫男子校の英語科教員は、鉄緑会に通っている生徒を「鉄緑戦士」と呼んでいる。高校生にもなると、鉄緑会と学校の宿題、部活との両立でいっぱいいっぱいの生徒も多いというのだ。ある中高一貫女子校の数学の教員も、「塾の宿題も学校の宿題も中途半端になってしまうのがいちばん良くない。学校としては学校の勉強を中心にしてほしい」と嘆く。

実際、指定校に該当するような学校の教員に話を聞くと、「できる子が鉄緑会で合格を盤石にするのならいいのだが、できない子が無理をして鉄緑会にしがみつくとろくなことはない」と口を揃える。無理がたたれば子供が壊れてしまうこともある。扱い方を間違えれば大変危険な「両刃の剣」なのだ。

しかし鉄緑会の冨田賢太郎会長は「鉄緑会の授業は学校よりもずっと速く進むから、学校の宿題は復習みたいなもの。時間はかからないはずですし、復習の機会として、学校の授業や宿題にもきちんと取り組むように指導しています」と言う。

だとすると、**宿題量の少ない学校ほど鉄緑会との親和性が高いとも言える**。まっ先にイメージされるのが筑駒だ。受験指導をほとんどしないことで知られる筑駒が、東大現役合格率で他の追随を許さない圧倒的な実績を残している背景には、鉄緑会の存在も無視できない。

最難関中学受験でひとり勝ち「サピックス」

実質的に鉄緑会への登竜門となっているのがサピックスだ。特に鉄緑会の指定校の入試に強い。

１９８０年代に難関中学受験において高い実績を上げていたＴＡＰ進学教室という少数精鋭の中学受験塾から、１９８９年に独立してできた。超難関校の入試において、飛ぶ鳥を落とす勢いの快進撃を続け、首都圏では〝ひとり勝ち〟状態。ほかの塾と何が違うのか。

毎回の授業でプリント形式のテキストを配布し、初見の問題を前に、講師と生徒が対話して進める独特の授業スタイルだ。以前、ほとんどの中学受験塾は〝予習型〟であったが、サピックスは〝復習型〟だ。「入試では、初めて見る問題を解かなければならない。であれば、普段の授業から、初見の問題にどう立ち向かうのか、その心構えこそを鍛えなければならない」という理屈。その代わり、帰宅後に類題を大量にこなさなければならない。

製本されたテキストではなくプリントを使用するので、教材を改訂しやすいというメリットもある。実際、「サピックスではほぼ毎年、教材の改訂を行っている」と、サピックス教育情報センター本部長の広野雅明さんは言う。現場の講師が生徒たちに接しつつ、最新の入試問題の分析も重ねる中で、ちょっとでも違和感を覚えたらすぐに教材に反映させる。サピックスの教材は、生き物のように少しずつ変化しているのだ。

通塾回数は意外に少ない。4年生は週2日。5、6年生でも平常授業は週3日だけ。日能研や四谷大塚が週末に実施する「週テスト」もない。その代わり、6年生になると「土曜志望校別特訓」が、6年後半は日曜日にも「難関校サンデーサピックス特訓」が加わる。

いわゆる「塾弁」がないのも特徴だ。通常、中学受験塾では授業と授業の合間に弁当を食べる。しかしサピックスの授業の合間には休憩時間がない。空腹を感じる暇もなく一気に授業を終え、帰宅してから夕食を取る。弁当をつくる代わりに親がしなければならないのが大量のプリント整理だ。

「宿題を採点し、何ができ、何ができていないのかを把握してやり、必要に応じて、過去の履修内容に戻って学び直すなどの指示を、親が出してやらなければなりません」

（通塾生の親）

だが、すべての親がそれをできるわけではない。途中で脱落する生徒もいるし、サピックスの宿題をこなすため、個別指導塾や家庭教師を利用するケースもある。前出の、サピックスから名門男子校に進んだ生徒の父親も証言する。

「毎日、5時に退社して息子の勉強に付き添いました。サンデーサピックスが始まってからはどうやっても時間が足りず、小学校を休ませたこともあります。6年の12月、親子のコミュニケーションがうまくいかなくなり、成績もガタ落ちしたときは、藁にもすがる思いで個別指導塾を利用しました。常に大量の宿題に追われている感じでした」

入塾するには「入室テスト」を受ける必要がある。

「4年生まではそれほど難しくありません。ですからそれまでに入塾していただき、サピックスのやり方で無理なく学力を上げていくのがおすすめです」（広野さん）

だが、あまりの人気で、入塾希望者数に収容人数が追いつかない校舎もある。

「講師の育成が間に合わないのです。1年に1校舎増やせるか増やせないか。講師の育成にはそれくらい時間がかかります」（広野さん）

サピックスでは現場の講師が入試を分析し、テキストも作る。授業は対話型なので、映像授業では再現できない。講師の力量が生命線であるということだ。

ちなみに関西では、浜学園という塾が最難関校に強い。東のサピックス、西の浜学園といった具合。4人の子供を全員東大医学部に合格させたことで注目を浴びる佐藤亮子さん（通称「佐藤ママ」）は現在浜学園のアドバイザーを務める。彼女の4人の子供たちは全員、浜学園→鉄緑会の塾歴をもつ。

塾があるから学校は学校でいられる

2009年に東大家庭教師友の会が実施したアンケート結果によれば、東大生の約86%、早稲田、慶應、一橋を含めた主要難関大生の約95%が塾通いを経験している。日本の〝頭脳（エリート）〟は塾なしには育たないというのが現実だ。「塾」という存在に対してはアレルギー反応を示すひとも多いが、私はこの状況が悪いものだとは思っていない。

日本には約5万の塾がある。それらが学校とうまく役割分担しながら共存している、世界でもまれに見るハイブリッドな教育システムだ。

塾があることで、学校は受験勉強に縛られずにすんでいる。もし日本に塾が存在せず、生徒の受験勉強の世話も学校が１００％しなければならないとすると、開成も、灘も、受験のための勉強に力点を置かざるを得なくなってしまうだろう。学校が望まなくても、生徒や保護者からそのような要望が強まる。

塾があればこそ学校は、長期的な目標を見据えた本質的な教育に軸足を置くことができている面がある。過度に競争主義的な進学システムに対し、**塾の存在が学校を守る防波堤になっているともいえる**のだ。

また、子供たちも、学校のやり方に縛られず、自分に合った学習スタイルを選択できる。たとえば同じ数学の問題でも、学校の先生と塾の先生で解き方や教え方が違うということも起こる。好きなほうを選べばいい。この選択の幅によって子供たちの視野が広がることもある。**「学校×塾」で、この国の〝学び方〟に、多様性が生まれている。**その意味でいえば、今回注目した２つの牙城を脅かす塾が、もっとあってもいい。

鉄緑会と並んで都内中高一貫校生に人気の老舗塾が、英語専門の**平岡塾**と数学に強い**SEG**だ。大手予備校系では**河合塾MEPLO**、**駿台エミール**、**代ゼミY-SAPIX**が挙げられる。新興勢力としては**グノーブル**もある。しかしいずれの大学進学実績も鉄緑会には遠くおよばない。現役生の東大合格者数では、テレビでおなじみの人気講師・

表2：塾・予備校・教育産業の主な提携関係（資本提携、業務提携、合弁会社設立など）

予備校系	代々木ゼミナール	サピックス
	河合塾	日能研
	駿台予備校	浜学園
	東進	四谷大塚、早稲田アカデミー
教育出版系	ベネッセ	鉄緑会、お茶の水ゼミナール、東京個別、研伸館
	Z会	栄光ゼミナール、第一ゼミナール
	学研	市進、早稲田アカデミー、明光義塾

林修氏を擁する東進が目立つが、こちらはフランチャイズ方式の教室を全国区で展開しており、生徒数の母数が違う。以上各塾については、前章も参照されたい。

関東の中学受験塾では、日能研、四谷大塚、早稲田アカデミーが有力。関西基盤の塾では、先述の浜学園のほか、日能研関西や希学園が有名だ。これらの塾がもっと力を発揮することで、この国の教育はさらに多様になるはずだ。

ただしいまのところ、サピックスや鉄緑会のような〝ハイエンドな子供のための学びの機会の多様性〟は、東京や大阪などに偏在しており、地方の秀才にとって状況的に不利であることはいなめない。ちなみに現在、鉄緑会はベネッセグループの子会社に、サピックスは代々木ゼミナールの子会社になっている。少子化の中で経営基盤を安定させるため、大手予備校や教育出版企業が有力塾と手を結ぶ動きが活発なのだ（表2）。

また、サピックスも鉄緑会も、授業料は他塾と比べて良心的な金額設定ではあるが、それでも小4から塾に通ったうえで私立中高一貫校に6年間通うと、塾なしで公立の中高に通うのに比べ、700万円以上の負担増になるといわれる（教育費については序章も参照）。さらに、鉄緑会のような中高一貫塾に通うとなると、中学のうちは毎月1万5000〜3万5000円程度、高2以降は選択科目数によっては、毎月10万円程度の塾代が加わる。経済的に恵まれた一部の家庭以外は、フルコースで通わせることは難しい。

「受験エリート」の3条件

「塾歴社会」とは、端的に言えば、日本の教育の平等性や公正さの中で発展してきた受験システムが「制度疲労」を迎えている証しである。

受験勉強はもともと、受験生が自分で目標を定め、そこに到達するための作戦を立て、自らを鼓舞しながら取り組むべきものだった。特に大学受験は本来、入試当日に至るまでの段取りの組み方を含めて、総合的人間力を試すものだった。与えられた課題に対する処理能力がどんなに高くても、作戦立案の下手な受験生はいい結果を出せなかった。どんなにプランニングが得意でも、誘惑に負けやすいメンタルの持ち主は希望の合格を手にすることができなかった。

だが、ルールは変わった。

作戦立案は、塾のカリキュラムによって不要になった。自らに打ち勝つ意志力の代わりに、度重なる塾のテストが受験生の気持ちを否が応でも勉強へと向かわせてくれるようになった。より効率の良い戦い方が模索されるうちに、本来受験生自身に求められていた能力の大部分を、塾が肩代わりしてくれるようになったのだ。

〝結果にコミットする〟あのスポーツジムに似ている。トレーナーが完璧なメニューを用意してくれて、それをやりきるまで追い込んでくれるシステム。トレーナーの指示にいちいち自分の考えなど差し挟まなくていい。ただ言われた通りにしていれば、筋肉が付いたり、やせられたりという成果が出る。

その結果、受験生に求められるものとして、大量の課題をこなす処理能力と忍耐力だけが残った。付随して、与えられたものに対して疑いを抱かない力も求められるようになった。この3つこそが、現在の日本の受験システムの中での「勝ち組」になる条件となってしまっている。

それを無批判に受け入れて「勝ち組」を目指すのか、あくまでもそれとは一定の距離を置いて出来る範囲で進学を目指すのか。途中でブレないように、受験生や保護者は予めスタンスを決めておいたほうがいい。

本章のポイント

・「サピックス（関西では浜学園）→鉄緑会」という最難関大学合格の〝王道〟がある。
・「勝ち組」の条件は、処理能力、忍耐力、与えられた課題に疑問を抱かない力の３つ。
・受験生およびその親は「塾歴社会」との距離の取り方を決めておくべき。

第4章　9歳までの〝最強〟学習法

東大生の3人に1人が公文式を経験

前章で触れた鉄緑会から東大理Ⅲに合格したひとたちが、どんな学校に通いどんな塾を利用してきたのかをヒアリングする中で、ある事実に気づいた。少なくとも私が話を聞いた範囲では、およそ３人に２人が公文式経験者だったのである。テレビＣＭでおなじみのあの「ＫＵＭＯＮ」である。

そこでさらに調査した。「東大家庭教師友の会」の協力を得て、現役東大生１００人を対象にインターネットでアンケートを採った。すると公文式経験者が34人いた。およそ3人に1人の割合だ。

もちろんサンプル数１００の簡易な調査である。ちょっとだけやってやめたというひとも含まれている。これだけで、公文式が東大合格への近道などといえるはずもない。

しかし、実際に出会う東大生の公文式経験率は高く、その多くが「公文式が万能だとは思わないけれど、役には立った」という主旨のことを言う。4人の子供を東大理Ⅲに入れたことで有名な「佐藤ママ」は、浜学園→鉄緑会の塾歴社会王道コースの手前で、やはり子供たちを公文式に通わせていたという。

どこの町を歩いても見かける「ＫＵＭＯＮ」の水色の看板。そこに、日本の受験システムの中を有利に進むための何らかのヒントがあるのかもしれない。

いま、日本全国に約1万６３００の公文式の教室がある。ほとんどは、公文の本部が教材と教室運営ノウハウを提供する、いわゆるフランチャイズ方式の教室だ。全国の小学校の数が2万弱であることと比べれば、いかにたくさんの教室があるかが実感できるだろう。日本だけではない。いまや世界50の国と地域に教室を展開し、約４３５万人の学習者数を誇る。

子供を対象にした教室で主に取り扱うのは算数・数学、国語、英語の3教科。十数人の東大生に直接話を聞いた結果からすると、国語の評判はさほどでもない。英語は最近、イー・ペンシルという電子機器を教材に連動させてから学習効率が格段に上がり、受講者が増えているようだが、現在の東大生が通ったころにはそのような革新的な機器はなく、公文式の英語が役に立ったという返答はわずかだった。「やってて良かった！」というのは、やはり圧倒的に算数・数学である。特に断りがない限り、本章では以後、公文式の算数・数学を考察の対象とする。

結論から述べよう。**公文式とは、子供の能力のごく一部である「計算力」を効率よく向上させる目的に特化してつくられた究極的にシンプルな「専用ツール」である。**それ以上でもそれ以下でもない。

しかし「ただの計算訓練所」ではない。

教室に通うのは週2回と決まっている。ただし、いわゆる学習塾とはスタイルが違う。A5サイズのプリントを、ひたすら自力で解いていくだけ。だから好きな時間に教室に行って、決められた枚数のプリントを終えたら、いつでも帰宅していいしくみだ。教室滞在時間は1教科あたりおよそ30分。3教科であれば約1時間半、教室でプリントと格闘することになる。

解き終わったら指導者に採点してもらう。100点が取れるまで何度でもやり直す。どうやって解けばいいのかは基本的に教えてもらえない。プリントの例題を見ながら自分で気付くしかない。「教えてもらう」受け身の学習ではなく、**「自学自習」**の姿勢を身に付けさせるのが公文式の狙いだ。

宿題も出る。教室でこなすのとほぼ同量のプリントに、毎日取り組まなければいけない。そうやって家庭での「学習習慣」が身に付く。むしろ本来の狙いはそこにある。家庭での学習をベースとして、正しく学習が進められているのかをチェックするために週2回、教室に通うのだ。

受験強者がすくすく育つ

かくして物心つくころから公文式の学習法に慣れていれば、「与えられた課題はとにかくやるもの」という考えが体に染みつく。面倒くさくても逃げずに課題に取り組む忍耐力も鍛えられる。計算力に代表される処理能力は当然高くなる。

このことは前章で示した、受験強者の3条件にぴたりと一致する。すなわち大量の課題をこなす処理能力と忍耐力、与えられたものに対して疑いを抱かない力である。**幼少期から公文式に通うことで、〝受験エリート〟に求められる能力の土台ができるのだ。**

そして最大の特徴が無学年制。実際の学年に関係なく、その子にとってちょうどいいレベルの教材が渡される。**ちょうどいい教材を渡されれば、どんな子でも自ら勉強する**

ようになるはずというのが公文式の基本理念なのだ。

３年生であっても１年生レベルの教材から始めることがあるし、逆に幼稚園生が中学生レベルのプリントまで進んでしまうこともある。

どんどん先に進めば、それだけ学力の貯金ができる。中学受験や高校受験のとき、そのぶんほかの教科に時間を割くことも可能になる。現在東大医学部４年生の女性は、幼稚園の年中くらいから公文式に通い始め、小２の時点で中学校の範囲を終えてしまったという。また、東大理Ｉ１年生の男性は、幼稚園の年長から中学受験塾に通うまで約４年間公文式に通い、中２のレベルまで進んでいたという。

しかしそこにこそ、公文式の弱点もある。

やればやるほど前に進む。それが公文式の魅力だと、経験者の多くが口をそろえる一方で、「思考力は身に付かない」という声も多いのだ。

公文式の算数・数学の教材は、計算力の向上に特化してつくられている。中学入試で出題されるような複雑な文章題は出てこない。図形問題にもほとんど触れない。あくまでも作業として、計算問題を解く速さと正確さを高めるのである。

幼稚園生が方程式を解くと聞けば誰もが驚くだろう。しかし実際には、例題の解法を作業としてまねているだけであって、文章題を読んで自分で方程式を立てられるようになるわけではない。方程式を抽象的な次元で理解しているわけでは、恐らく、ない。

皮肉を込めて言うならば、公文式は理解する喜びの代わりに、先に進む達成感を、学習の報酬として設定した。だから理解力の乏しい子供でも、とにかくひたむきに取り組めば、学習から擬似的に快感を得られる。それが、公文式が世界中で受け入れられている理由でもあり、公文式最大の弱点でもあるのだ。

現在40代のAさんは小学生のころ、まわりから「神童」と見られていた。塾には通ったことがなかったが、教科書に書かれているような話はあっという間に理解してしまい、学校がつまらなかった。しかし弱点があった。落ち着きがなく、ケアレスミスが多かったのだ。その弱点を補うため、Aさんは自ら公文式に通いたいと、親にお願いした。

しかし公文式に通い始めると意外なことが起きた。計算の仕方は完璧に理解しているのに、ケアレスミスがあるのでなかなか満点がとれない。いつまでたっても先に進めず、しまいには指導者に呆れられてしまった。学校の成績はオール5だと説明しても信じてもらえなかった。

Aさんは1年ほどで公文式を見切った。しかし小学校、中学校、高校と成績は常にトップで、京大に進学した。

なぜＡさんには公文式が合わなかったのか。Ａさんは簡単な問題を速く大量に解くことよりも、難しい問題にじっくり取り組むのが好きなタイプの子供だった。どんどん前に進むことよりも、本質的な理解を好む子供には公文式は合わない。

3学年先に進まないと意味がない

神奈川の進学校、栄光学園の数学教師・井本陽久さんは、公文式の構造的な弱点をさらに詳しく説明してくれた。

「ひとは何か新しいことを学ぶとき、すでに学んで自分のものになっている手持ちのものを使って、その新しいことを理解しようとします。その次の段階へのギャップを私は『ステップ幅』と表現します。公文式の教材の特徴は、この『ステップ幅』が非常に細かいこと。だから誰でもつまずかずに先に進めるのですが、逆に、いわゆる〝一を聞いて十を知る〟タイプの子供には、ステップ幅が大きな教材を与えたほうがいいのです」

Ａさんはまさに〝一を聞いて十を知る〟タイプ。だから公文式が苦痛に感じられたのだ。井本さんはさらにリスクを指摘する。

「ステップ幅の細かい教材を続けることで、やればできるという自信が身に付くことは公文式の大きな魅力です。一方で、いつまでたっても〝一を聞いて十を知る〟経験ができないことは欠点です。本質的な学びの躍動感をいつまでたっても感じられません。それでも小学生くらいまでなら満点をとれてしまいますが、中学・高校での学び、特に東大に合格するようなハイレベルな学びには通用しません」

私が話を聞いた中にもそういう現役東大生がいた。幼稚園のころから公文式に通い、算数・数学はすごく得意だったのに、高校になったとたんに点がとれなくなったのだ。結果的に東大理Ⅰに合格できたが、「公文式で、考えないで解く癖が付いてしまっていたのだと思う」と振り返る。**どこかでステップ幅の大きな学習スタイルに切り替える必要があるということだ。**他方、次のような解釈もある。

「中学受験の算数でも大学受験の数学でも考える楽しさを味わえたのは、公文式のおかげで計算がまったく苦にならなかったからだと思います」（東大理Ⅰ現役生）

要するに、公文式で身に付けた計算力をハイレベルな学びを実現するための土台とするのが賢い公文式の活用方法なのだ。

これを前提として、中学受験塾の講師たちは一様に口を揃える。「公文式をやるのであれば、最低でも実際の学年よりも3学年分以上進んでいないと意味がない」。なぜか。

公文式では「小5レベル」の教材で、約1年間をまるまるかけて分数の計算を練習する。「小6レベル」になってようやく分数も小数も含めた四則混合計算の練習をする。しかし、それらは中学受験塾においては小4の時点でさっさと終えてしまう範囲なのだ。

小3の2月に中学受験塾に入るのが中学受験勉強のスタンダードなスタートラインだ。そこまでに公文式の「小6レベル」をクリアしていなければ、さほどのアドバンテージは得られないことになる。

また公文式は、とにかく速く問題を解いて先生に採点してもらい、間違いを指摘されるスタイルだ。何度でも提出して何度でも差し戻される。そのため「見直しをしない」「間違いを自分で見つけようとしない」生徒が公文式出身者には多いと、中学受験塾の講師たちは指摘する。中学受験勉強に適応するためには、その癖をできるだけ早く直す必要があるというのだ。

ということは、仮に中学受験を前提にするのであれば、**年長くらいから公文式に通い、小3のうちに小6レベルの教材にまで進んでおくことが理想といえる。**

逆に、高校受験を前提とするのであれば、そこまで焦る必要はない。

関西の郊外で育ち、東大大学院を卒業し、現在は教育関連企業に勤める男性は、小1から中2まで公文式に通い、常に2学年先のレベルの教材をやっていた。「私は中学受験もして、高校受験もしました。**公文式の数学は、まさに高校受験を楽に突破できるように考えられているので、高校受験ではそのまま役に立ちました。**各高校の出題傾向に合わせた対策をする必要はありましたが、その程度で十分です」と証言する。

「魔法の教室」ではない

公文式にまつわる最大の誤解は、「将来は東大へ？　なんていう高望みはしないけれど、とりあえず公文式に入れておけば、少なくとも小学校の勉強でつまずくことはないだろう」というものだ。

しかし、毎日決まった量のプリントを家庭でやらせるのは親の役割だ。公文関係者であっても、わが子にプリントをやらせることに大きなストレスを感じることがあるという。「約束通りにやりなさい！」「いやだ！」「じゃあ、もう公文なんてやめちゃいなさい！」「いやだ！」という攻防を幾度となく経験しなければならない。そこで親が折れたら公文式の効果はなくなる。週2回ただ教室に通うだけではほとんど意味がない。

幼稚園生の息子を公文式に通わせるあるワーキングマザーは、こう嘆く。

「宿題を促さなければいけないことは想定外でした。公文式に通わせれば、勝手にやってくれるのだと思っていました」

公文式の元指導者は次のように話す。

「どんな習い事でも、始めたころは楽しいことが多いかもしれませんが、次第につらいことや大変なことは必ず出てきます。そのとき、継続するかどうかを決めるのは親です。『うちは子供に決めさせています』というのは子供の意見を尊重していて一見良いことのようですが、本当にやらなければならないことは、子供に決めさせてはいけないと思います。親自身が『なぜうちは公文式をやっているのか』『公文式でどんな力を付けたいか』という意識を明確にもち、多少つらい時期があっても応援して乗り切らせなければなりません」

別の指導者の意見も近い。

「公文式が合うか合わないかよりも、保護者がどのような目的で、公文式の教室に子供を通わせているかによるのではないかと感じます。長く続けている子供の保護者には、『公文式の宿題をやってから遊ぶ』といったルールを決めていたり、どこまで進むかの目標を子供と共有していたりと、上手に関わっていらっしゃる方が多い印象です」

いくら「学習習慣」や「自学自習」の姿勢が身に付くといっても、公文式は「おまかせプラン」ではない。やみくもにプリントをやらせれば、子供は勉強を苦行だと思い込み、勉強を嫌いになってしまう可能性だってある。

要するに、**公文式を使いこなせるならば、家庭の教育力も高い**ということ。また公文式を使いこなそうとすることで、家庭の教育力が向上する面もあるだろう。その結果が、「東大生の3人に1人が公文式」という事実に表れているのだと考えられる。

公文式はけっして誰しもを東大生に仕立て上げる「魔法の教室」ではないのである。

本章のポイント

・公文式で「受験エリート」になる3条件が身に付く。
・中学受験に役立てるなら、3学年以上先に進まないと意味がない。
・いつまでも公文式に頼るのは危険。

第5章　難関化する公立中高一貫校

早慶付属校に匹敵する難易度

従来型の最難関中学受験においては、首都圏ではサピックス、関西では浜学園がそれぞれ〝ひとり勝ち〟状態にあることは第3章で述べたとおり。一方で、まったく別の形の中学受験が、全国に広がりつつある。序章で〝中学受験の4つの選択〟のうちの1つに挙げた公立中高一貫校という選択である。**実質無料で中高一貫教育が受けられること**が何よりの魅力だ。

1999年、学校教育法の改正により、「公立の中高一貫校」という概念が生まれた。実は「ゆとり教育」推進の一環として考案されたものだった。高校受験を回避することでゆとりある中高6年間を過ごせるというわけだ。

しかし2002年に**静岡県立浜松西と岡山県立岡山操山**が開校するとニュアンスが変

わる。両校とも県下有数の進学校。「伝統ある公立進学校に中学から入れる。しかも従来の中学受験のような学力試験はないらしい」ということから高倍率を記録。公立高校の人気低迷に頭を抱えていた各自治体の間で「進学校の中高一貫校化」が流行する。学校設置の目的にも「ゆとり」ではなく「リーダー育成」がうたわれるようになる。

東京都では２００５年に**都立白鷗**が開校する。初年度の応募倍率はなんと14・26倍。２００８年には千葉県の押しも押されもしないトップ校である**県立千葉**が中高一貫校化し、30倍にせまる異常な倍率を記録して話題となった。同じく２００８年、浜松西と岡山操山の中高一貫１期生が予想以上の大学進学実績を出し、**公立中高一貫校は進学に有利**という認知が全国区で広まった。

２０１１年には白鷗の中高一貫１期生からいきなり５人の東大合格者が出て「白鷗ショック」と騒がれた。翌年には都内の公立中高一貫４校から合計14人の東大合格者が出て都立中高一貫校人気は確実なものとなる。

そこでさらに倍率が跳ね上がりそうなものだがそうはならなかった。当初はろくな対策もせずダメもとで受けてみる層が多かったが、このころになるとちゃんと対策をしないと受からないことが認知され始め、受験者数は増えなかったのだ。

表１：東京都内の公立中高一貫校の偏差値

	男子		女子	
	2011年	2018年	2011年	2018年
小石川	62	65	62	65
武蔵	61	61	62	64
両国	58	60	60	62
桜修館	55	60	55	62
立川国際（一般）	55	57	57	59
九段（B・都内）	54	58	55	60
富士	53	57	55	58
三鷹	53	58	55	58
南多摩	53	58	55	60
大泉	52	60	54	60
白鷗（一般）	52	57	53	59

※四谷大塚結果80偏差値一覧より作成。

その分受験者の本気度は上がり、倍率は横ばいでも難易度は上がる。白鷗ショック直前の２０１１年と２０１８年で、入試難易度を示す「結果偏差値」を比べると、軒並み上昇していることがわかる（表1）。小石川の65という偏差値は、男子で言えば早慶の付属校や渋谷教育学園渋谷、海城といった最難関私立中高一貫校に匹敵する。女子なら吉祥女子、鷗友、白百合などの超人気進学校を凌駕する。

公立中高一貫校の入学試験に当たる「適性検査」は、一般的な中学受験用の模試の問題傾向とはまったく違うため、四谷大塚の模試の偏差値は参考程度に見るべきだが、それでも公立中高一貫校の難関化が進行していることは間違いなさそうだ。当然「出口」の成績も伸びる。２０１８年には都内の公立中高一貫校11校から合わせて54人もの東大合格者が出た。

同様に、東京都以外の多くの府県でも、公立中高一貫校が地域の進学校勢力図を書き換える台風の目となっている。

公立中高一貫校の登場は、経済状況に関係なく12歳での選択肢を増やすものではあったが一方で、思わぬ形で選択を迫られるケースも生じた。地域で人気の公立高校が中高一貫校化することにより、高校からの入学枠が減少したり、高校から入学できなくなってしまったりしたからだ。

公立中高一貫校には学校教育法上「中等教育学校」「併設型」「連携型」の3種類がある。違いを大雑把にいえばこうだ。中等教育学校は中学からしか入学できず「○○中等教育学校」と呼ばれる。併設型は高校から入学する生徒もいて「○○中学校・高等学校」や「○○高校・附属中学」という名称になる。連携型はもともとある別個の中学校と高校で人的な交流を図るタイプ。一部の生徒が簡便な試験だけで該当高校に進学できるという特典はあるが、一般的な中高一貫校のイメージとは違う。

2016年時点の公立中高一貫校設置数は全国で中等教育学校が31、併設型が87、連携型が80。実質的な公立中高一貫校は118校ということになる。

「塾なしで大丈夫」は過去の話

私立中高一貫校と公立中高一貫校の最大の違いが入試の形態である。

公立中高一貫校の入学者選抜ではたてまえ上「学力試験」を行ってはいけないことになっており、実質上の入試のことを「適性検査」と呼んでいる。そのために、私立の「中学受験」と区別して、「中学受検」と書かれることが多いが、本書では便宜上、いずれも「受験」と表記している。

あくまでも「学力試験」ではないために、「適性検査」では、算数や国語といった教科の枠は設けられていない。単なる知識を聞く一問一答形式の問題は少なく、グラフから読み取れることを記述させたり、ほとんど自由作文のような問題が出題されたりする。ＯＥＣＤ（経済協力開発機構）のＰＩＳＡ（学習到達度調査）の出題形式に似ている部分も多いことから、「ＰＩＳＡ型問題」と呼ばれることもある。

これが、「知識の量ではなく、読解力や思考力、表現力そのものを試しているので、塾に行かなくても合格することができる」「これは中学受験塾の詰め込み教育では対応できない」「開成に合格できる子でも公立中高一貫校に合格できるとは限らない」と評判になった。

たしかに公立中高一貫校ができた直後の数年は、塾に通わずに合格したというエピソードをいくつも聞いた。しかしそういうケースは年々減ってきている。当初そのような合格者が一定数いた背景には、実は初期の適性検査における構造的な欠陥もあったのだ。

「開校当初の各校の適性検査問題はたしかに優れた問題でありましたが、難問が多すぎた。小学生の実像に合っていなかった。その結果、適性検査Ⅱの合格者平均が3割程度でほとんど差がつかず、結局適性検査Ⅰの作文の良し悪しで合否が決まっていたというケースもありました。ひどいときには適性検査Ⅲで0点だった受験生が合格していることもあった」

都立中高一貫校対策に特化し、この数年募集定員の半数以上の合格者数を出している学習塾ｅｎａの小学部長・山口真さんの発言だ。

小学校の成績が得点換算されて評価の対象になることは全国共通だが、それ以外の選抜の方法は都道府県によって違う。

たとえば千葉県立の公立中高一貫校では、「1次検査」と「2次検査」と「集団面接」がある。埼玉県立では、1次選考で「作文Ⅰ」と「作文Ⅱ」、2次選考で1人あたり10分程度の「個人面接」がある。神奈川県立では、「適性検査Ⅰ」「適性検査Ⅱ」と「グループ活動による検査」がある。東京都の場合、面接がない。これが全国的に見て非常に珍しいことは東京ではあまり知られていない。

東京都の公立中高一貫校の適性検査は基本的に、「適性検査Ⅰ」「適性検査Ⅱ」からなる。「適性検査Ⅰ」は、いわゆる「作文」だ。「適性検査Ⅱ」は、3つの大問からなる。1は主に算数分野、2は主に社会科分野、3は主に理科分野に主眼が置かれている。さらに「適性検査Ⅲ」を実施する学校もあるが、出題形式は「適性検査Ⅱ」に似ている。私立中高一貫校入試のような難問奇問は出ないとはいってもかなりの問題数である。実はそれほどじっくり考える時間が与えられているわけではない。解きやすい問題を選んで解く、作文のネタを用意しておくなどのテクニックを含め、**やはりそれなりに対策をしなければ太刀打ちできない。**

一方、地方には、小学校からの報告書、作文、面接だけで選抜される学校もある。

「教科書＋100～200％」の知識が必要

いったいどれだけ勉強すれば公立中高一貫校に合格できるのか。公立中高一貫校専門情報サイト「むぎっ子広場」の運営に携わる畠山一徳さんの見解はこうだ。

「その答えは、公立中高一貫校にどれくらい本気で行きたいのかによって変わります。できる範囲で対策をして、ダメなら地元の中学校に行けばいいやと思っているのならば、むぎっ子広場の通信添削で問題形式に慣れておくだけで受けてみるのもいいでしょう。地頭の良い子であれば合格できます。毎年そういう児童が一定数います。しかし合格を強く望み少しでも確率を高めたいというのなら、適性検査対策だけでは不十分。私立中学受験と同様の4教科型の勉強をして、基礎知識と基礎学力を強化しておいたほうがいい。具体的には首都圏以外の公立中高一貫校でも『小学校の教科書＋20％』の知識が必要です」

さらに、**首都圏の公立中高一貫校を本気で目指すなら「教科書＋100〜200％の知識が必要」**というのが畠山さんの個人的な見解だ。ちなみに私立中高一貫校入試では、「中堅校なら教科書＋20％、上位校なら＋100％、難関校なら＋200％以上の知識が必要と考えたほうがいい」とのこと。

「首都圏の1都3県の公立中高一貫校の適性検査は全国的に見ても難解です。ある程度私立中学受験用の勉強をしておかないと太刀打ちできません。問題文の会話が長いだけで、結局は私立中学入試に頻出の特殊算の考え方が問われている場合がありますから。一方、それ以外の地方では、難易度は低いものの形式としてはより露骨に私立的な問題を出す傾向があります。たとえば沖縄の適性検査は、私立中学入試問題そのものです」

いずれにしても、従来の私立中学受験用の4教科型の勉強はしておいたほうが有利だということだ。前述の学習塾ｅｎａでも、適性検査型問題への対策だけでなく、特に算数については私立中学受験対策とまったく同様の問題にも取り組んでいた。

公立中高一貫校と併願しやすい私立

いくら対策をしたとしても、公立中高一貫校の倍率は高い。私立中学入試なら、人気校でもせいぜい3倍程度のところ、東京都立中高一貫校の場合、5～8倍である。また、私立中学受験なら複数校を併願することでどこかには合格できる確率が高いが、公立中高一貫校は複数校受験ができないので1度のチャンスを逃したらおしまいだ。あまりに分が悪い。

しかし、ものは考えよう。たとえ公立中高一貫校に合格できなくても、勉強した努力が無駄になるわけではない。特に適性検査対策は、知識を詰め込むだけ詰め込んで、試験が終わったら忘れてしまうような勉強ではない。高校受験にも活かせる学力が身に付く。適性検査対策の勉強は、本来であればすべての小学生が学ぶべき内容なのである。

さらに最近では、適性検査対策をする小学生に、新しい選択肢が加わってきている。

適性検査型の入試問題を出す私立中高一貫校が増加しているのだ。

当初は生徒集めに苦慮する私立中高一貫校が、公立中高一貫校のおこぼれをいただくような形で始まった。しかし実際にそのような入試で生徒を集めてみたら、いままでの入試では取れなかったタイプの潜在能力の高い生徒が取れることがわかってきて、そのような入試形態がいま、私立中高一貫校の中でもブームとなりつつある。

首都圏には約３００の私立中高一貫校があるといわれるが、２０１８年入試では、そのうちの約１４０校が、従来の４教科型とは違う、適性検査型入試や思考力型入試などと呼ばれる総合型入試を実施した。次章ではその具体的な問題例も掲載しているので参照されたい。これであれば、公立中高一貫校の適性検査対策をしてきた子供でも十分対処できる。むしろそのほうが有利なくらいである。

しかも、そのような学校では、「特待生」の制度を設けていることも少なくない。**入試で良い成績を収めれば、授業料を全額または一部免除してもらえるのだ。**公立中高一貫校に合格できなくても、私立中高一貫校の適性検査型入試で高得点をとり、特待生として入学できれば、学費の負担増は最小限ですむ。

小学校低中学年のうちは前章で紹介した公文式などを利用して基礎学力と学習習慣の

定着をはかり、高学年では無理のない範囲で適性検査対策を意識した勉強をさせてみる。公立中高一貫校に合格できたり、私立中高一貫校の特待生が取れればラッキー。それらがダメなら堂々と地元の公立中学に通い、小学生のうちに身に付けた学力を土台にして、高校受験で頑張ればいい。

私立中学受験をしないと決めた家庭においては、これは極めて現実的で合理的な選択であると私は思う。

本章のポイント

・都立や県立の中高一貫校が進学実績を伸ばしている。
・公立中高一貫校も塾で対策しないと合格できない。
・公立中高一貫校用の受験勉強で合格できる私立中高一貫校も増えている。

第6章　中学入試が多様化している

拡がる「思考力型入試」

前章で述べたように、公立中高一貫校の登場により、中学受験文化が全国に拡大している。さらに首都圏では私立中高一貫校入試が質的にも多様化してきている。大きく2つの潮流がある。

1つは**英語入試の増加**。従来から帰国生向けの英語入試は行われていた。しかし昨今、小学校での外国語活動の教科化およびそれにともなう習い事としての英語の隆盛を受けて、帰国生でなくても英語が得意ならばその力も中学入試で評価しようという流れがあるのだ。

首都圏中学模試センターの調査によれば、そのような英語入試を行う学校は、2014年の時点ではたったの15校だったが、2018年には112校にまで増えた。201

９年には神奈川県の**慶應湘南藤沢**も英語入試を新設する。

２つめは**思考力型入試の増加**。従来の４教科の枠を取り払い、知識量ではなく思考力そのものを問う問題形式だ。公立中高一貫校の適性検査にも似ていることから、適性検査型入試と呼ばれることもある。

同じく首都圏中学模試センターによれば、２０１４年にはたった38校しか実施していなかった思考力型入試が、２０１８年には１３６校にも増えた。国立お茶の水女子大学附属中学校も、２０２１年以降、４教科入試をやめ、総合型の入試を実施すると発表している。

思考力型入試が増えた背景には、２つの理由がある。１つは前述の公立中高一貫校人気。公立中高一貫校との併願をしやすくする戦略だ。もう１つは大学入試改革。大学入試改革の方向性を先取りして、「新しい学力観」に基づく入試を行おうというわけだ。

首都圏には約300の私立中高一貫校がある。そのうち3割以上が英語入試を実施し、4割以上が思考力型入試を実施している計算となる。

英語入試には、中学での英語の試験の先取りのようなものがあったり、英検のようなものがあったり、面接を含むインタラクティブなものがあったりと、学校によってさまざまな形式があるが、試される力が英語力であることに変わりはない。しかし、思考力型入試については想像が付きにくい。親世代が子供のころにはそのようなものはなかったからだ。そこで本章では、思考力型入試の実態とその背景理論を深掘りする。

国際バカロレアやPISAと共通の理論

知識の詰め込みだけではダメ。思考力を鍛えなければいけない。誰もが口をそろえる。ときに知識とは何か、思考力とは何か。私たちはそれすら明確に説明できないことに気付く。それでは知識の詰め込みを否定することもできなければ、思考力を育てる教育を設計することもできない。

知識や思考力という概念に何らかの枠組みを与える試みは、過去に数多くなされてきた。有名なのは1956年にB・S・ブルームらが開発した「教育目標分類学（通称ブルーム・タキソノミー）」である。もともとは大学の試験問題を作成・評価するに当たって、関係者の共通言語をつくり認識をそろえる目的であったが、それが教育目標を示すのにも活用されるようになった。

特に欧米では、各教育機関がこれをベースにして教育到達目標を設定するようになった。OECDの学習到達度調査PISAしかり、ヨーロッパの言語運用能力基準CEFRしかり、国際バカロレア（世界トップレベルの初等中等学校教育を提供する教育プログラム）のディプロマ・ポリシーしかり、イギリスやアメリカの共通テストしかりである。

2001年にはその改訂版が、ブルームの後継者らによって開発された。「記憶」「理解」「応用」「分析」「評価」「創造」という認知過程の次元軸と、「事実的認識」「概念的知識」「遂行的知識」「メタ認知的知識」という知識の次元軸による縦横2軸の掛け合わせで教育目標が表現されるようになった。

いま世界標準の思考力を意識するなら、ひとまずこの概念を押さえておく必要がある。日本においてもこの概念を取り入れ、体系的に思考力を育てる取り組みがすでに多く始まっている。学校だけではない。**中学受験用の模擬試験においても、偏差値とは違う評価軸として、改訂版ブルーム分類学をベースにした概念が導入されている。それが首都圏中学模試センターの「思考コード」だ。**

首都圏中学模試センターの各種模試では、4教科の各設問が、思考コード上のどの領域に該当する問題なのかが分類されており、その正答率により、受験者の思考力の傾向

図1：首都圏中学模試センターの「思考コード」

(数)	(言語)		A 知識・理解思考（知識・理解）	B 論理的思考（応用・論理）	C 創造的思考（批判・創造）
変換操作	全体関係	変容 3	A3 ザビエルがしたこととして正しい選択肢をすべて選び年代の古い順に並べなさい。	B3 キリスト教の日本伝来は、当時の日本にどのような影響を及ぼしたのか、200字以内で説明しなさい。	C3 もしあなたが、ザビエルのように知らない土地に行って、その土地の人々に何かを広めようとする場合、どのようなことをしますか。600字以内で答えなさい。
複雑操作	カテゴライズ	複雑 2	A2 ザビエルがしたこととして正しい選択肢をすべて選びなさい。	B2 キリスト教を容認した大名を一人あげ、この大名が行ったこと、その目的を100字以内で説明しなさい。	C2 もしあなたが、ザビエルだとしたら、布教のために何をしますか。具体的な根拠と共に400字以内で説明しなさい。
手順操作	単純関係	単純 1	A1 (ザビエルの写真を見て)この人物の名前を答えなさい。	B1 ザビエルが日本に来た目的は何ですか？ 50字以内で書きなさい。	C1 もしあなたが、ザビエルの布教活動をサポートするとしたら、ザビエルに対してどのようなサポートをしますか。200字以内で説明しなさい。

※首都圏中学模試センターホームページより

がわかるようになっている。たとえばフランシスコ・ザビエルに関する問題を、各領域にあてはめてつくってみると図1のようになる。

縦軸を上がると問題の難易度が上がる。横軸が右に行くのに従って知識の活用力や表現力が上がる。Aの領域では聞かれたことに知っている知識で答えればいい。単に知識の量とその理解を試している。Bの領域では出題者からの問いかけに、知識に基づいて論理的に適切な形で答えなければならない。これが論理的思考だ。さらにCの領域までいくともはや答えが1つではない。「自分なら」という条件が加わる。出題者との対話を通して、さまざまな知識を活用しながら自分にしかできない解答を創造しなければならない。これが創造的思考だ。知識にも「レベル」があり、思考力にも「深さ」があることが可視化されている。

「思考コード」という概念を模試に導入することになったいきさつを、首都圏中学模試センターに聞いた。

「難関校や公立中高一貫校の中学入試の『そっくり模試』をつくるために、それぞれの学校が求める知識のレベルや思考の深さを分析し、設計図をつくる必要がありました」

「難関校といわれる学校ほど、A2よりA3そしてB2よりB3と上方向の領域の問題が出題される傾向があります。さらに大学入試改革の影響もあり、中学入試全体の傾向として、AよりもB、BよりもCと右側の力が求められるようになっています。首都圏模試で実施している各種模擬試験の出題傾向を思考コードの表に当てはめると、おおむねこのように表すことができます」(図2)

これがそのまま世間一般の中学入試において、どのタイプの思考力が求められているのかを表すことになる。

難関校ではA3やB3くらいまで出題される。御三家レベルになると学校によってはC2の領域にまで踏み込むこともあるという。中堅校レベルであればB2までに対応で

図2：首都圏中学模試センターの各模試と「思考コード」の対応

最難関模試 ⇔ **御三家＆難関校**

変換操作	全体関係	変容 3	A3	B3	C3
複雑操作	カテゴライズ	複雑 2	A2	B2	C2
手順操作	単純関係	単純 1	A1	B1	C1
(数)	(言語)		A 知識・理解思考	B 論理的思考	C 創造的思考
			知識・理解	応用・論理	批判・創造

統一合判 ⇔ **中学受験スタンダード**

変換操作	全体関係	変容 3	A3	B3	C3
複雑操作	カテゴライズ	複雑 2	A2	B2	C2
手順操作	単純関係	単純 1	A1	B1	C1
(数)	(言語)		A 知識・理解思考	B 論理的思考	C 創造的思考
			知識・理解	応用・論理	批判・創造

公立一貫模試 ⇔ **適性検査型・総合型**

変換操作	全体関係	変容 3	A3	B3	C3
複雑操作	カテゴライズ	複雑 2	A2	B2	C2
手順操作	単純関係	単純 1	A1	B1	C1
(数)	(言語)		A 知識・理解思考	B 論理的思考	C 創造的思考
			知識・理解	応用・論理	批判・創造

※首都圏中学模試センターホームページより

きていればいい。公立中高一貫校で求められる知識レベルは中堅校とほぼ変わらないが、情報の読取力や知識の活用力、表現力に加えて「あなたの考えを述べなさい」という問いに象徴されるように、Cの領域にまで踏み込むことが求められる。

「正解」ではなく「思考のレベル」を評価する

首都圏中学模試センターの思考コード開発に携わった本間勇人さん（本間教育研究所）は、わかりやすい例として、2017年の海城中学校の帰国生入試の問題を見せてくれた。鈴森康一著『ロボットはなぜ生き物に似てしまうのか』の一節が課題文として引用され、ショベルカーのアームと人間の腕の比較、お掃除ロボット「ルンバ」とカブトガニの比較、国際宇宙ステーションのロボットアームとタカアシガニの足の比較が述べられている。写真も添えられている。それを見て、次の4問に答える。

問1　次の（1）～（4）について、本文の内容に合うものには○を、合わないものには×を解答らんに記入しなさい。

（1）ロボットやショベルカーがヒトのアームに似ているとは言っても、機種によっては似ていないものも少なくはない。
(2)長い時間をかけた進化の力で誕生したカブトガニの姿は、長い間ほとんど変化していない。
(3)ルンバとカブトガニが共に扁平な形をしているのは、ルンバの設計者がカブトガニをモデルにしたためである。
(4)海底を住処とするカニは、地上の生き物よりはるかに細長い脚を持ちながら、地上の生き物にはとても取り扱えない重い物体を扱うことができる。

問2　下線部では、「ヒト」と「産業用ロボット」、「ショベルカー」の3者のアーム構成がいずれも3つのパーツからなるという類似性の背景には、3次元空間を自由に動く目的があることが述べられています。では、もし肘関節が固定されていて、上腕と前腕が1つのパーツとして振る舞う場合に、具体的にはどのような不都合が生じると思いますか。説明しなさい。

問3　「ルンバ」と「カブトガニ」にはなぜ類似性が生じたのですか。また、「『きぼう』のロボットアーム」と「タカアシガニ」にはなぜ類似性が生じたのですか。本文に基づいてそれぞれ答えなさい。

問4　本文の例文以外に、「人間の作った物」と「動物」で類似性を持った組み合わせを1つ挙げ、それらの似ているところと、類似性が生じた理由について、あなたの考えを説明しなさい。さらに、「人間の作った物」と「植物」で類似性を持った例も1つ挙げ、同様に説明しなさい。

問1は「A　知識・理解」の領域の問題だといえる。問2と問3は「B　応用・論理」。問4は「C　批判・創造」の領域の問題だ。

海城は学校として、国際バカロレアの教育を長年研究し、できる範囲で取り入れてきた。生徒の思考力を育てるという観点では、当然タキソノミーも意識してきたはずだ。そのうえで、海外で教育を受けた帰国生を対象とした入試に、高度な思考力を求める問題を出したのである。

レゴブロックで入試!?

いよいよ「思考力入試」の実例を見てみよう。たとえば聖学院中学校の2016年「思考力テスト」。

1問目は、カンボジアの市場の写真8枚を見て、「読み取れることをなるべくたくさん書き出してください」である。2問目には、カンボジアの肉市場と日本のスーパーの肉売り場の写真が並ぶ。それらを比較して気付いたことを書き出させ、さらに書き出した内容を見ながら、カンボジアの市場のメリットを記述させる。3問目は仮に受験生自身がカンボジアで暮らすことになったらどんな能力が必要になると思うかを問う。最後の4問目では、このテストを受けて考えたことを200字以内にまとめさせる。

知識はほとんど必要ない。その代わりに徐々に高い次元の思考、すなわちCの領域に近づいていく問題構成になっていることがわかる。受験科目的な知識のレベルは高くなくてもいいので、高い次元の思考力をもつ生徒を欲している学校側の意図が見える。

同じく聖学院は、「ものづくり思考力テスト」も実施している。もはやペーパーテストではない。子供がよく遊ぶ「レゴブロック」を用いて、自分の思考を表現することから始まる。

問1　「自分の得意なこと」をLEGOで表現しなさい。また、出来上がった作品について150字程度で説明をしなさい。

問2　資料を見て、この国（A）で起きている問題は何かを考え、その解決策をLEGOで表現しなさい。また、出来上がった作品について150字程度で説明をしなさい。

（※資料は、Aを含む各国の米の生産量、Aの地図および人口・国土面積・気候のデータ、Aの月間降水量、月間降水量におけるAと日本の比較、日本の米輸入量の国別構成割合）

問3　問2で制作した解決策を示す作品に問1で制作した自分の得意なことを付け足し、解決策に自分はどのように関わるかを表現しなさい。また、出来上がった作品について150字程度で説明をしなさい。

聖学院は出題意図を、こう語る。

「私たちがこの入試で求めているのは、完成度が高い作品ではありません。なぜ、それをつくったのか、ということです。つくっている瞬間は無意識なのでわからないかもしれませんが、できたモノを見ながら、なぜこの形にしたのか、なぜこの色にしたのかなど、『なぜ』という部分を追い求めて、それを説明できる子、問題解決に向けて努力できる子に入学してほしいと思っています。記述問題に苦手意識をもっている子も、目の前につくったモノがあれば、こじつけでもいいから書こうと思えるものです。すべての小学生にチャレンジしてもらえる入試だと思っています」

「キワモノ入試」のように思われがちだが、ものをつくることが目的なのではなく、思考を補助するツールとしてレゴを用いているのだ。

ペーパーテストの枠を超えた思考力型入試としてはほかにも、**宝仙理数インター**の「理数インター入試」、**かえつ有明**の「アクティブラーニング思考力特待入試」（＊アクティブラーニング……教員が一方的に情報を伝えるのではなく、教員と生徒あるいは生徒同士の間で双方的なやりとりをしながら進める授業形態のこと。ここではアクティブラーニング型授業を模した入試の意味）、**日大豊山女子**の「思考力型入試」などがある。複数の受験生でグループディスカッションを行ったり、図書館で自由に調べたりしながら解答するのだ。

「思考コード」で見る大学入試改革

以下、思考力型入試に関して、首都圏中学模試センターの職員や本間さんと交わした会話の一部。

「思考コードを意識した入試を行っている学校では、普段の授業の中でも思考コードを意識しています。自分の授業内容を思考コードと照らし合わせることで、たとえば生徒たちにディスカッションをさせるときでも、B2の議論をさせるべきなのかC3の議論までもっていくのか、思考力の引き上げを客観的に狙うことができるようになります」

「麻布や武蔵のような学校では、思考コードなどなくても、当然C3の議論までしなければならないという文化ができあがっています。12歳の時点で高い次元の思考力をもつ生徒も多い。逆にこれまでそのような文化が育っていなかった学校や比較的新しい学校は、思考コードという概念を取り入れることで、生徒の思考力を体系的に伸ばすことが可能になります」

「最初からC2やC3の思考力をもっている子供にとってはA2やB1の思考が苦痛であることもあり得ます。逆になかなかC領域まで行けない子供もいます。それでいいんです。B2が得意な子、A2が得意な子、C3が得意な子など、それぞれに得意な領域をもつ子供たちが集まって『集合天才』を形成すれば、社会としてはいいんです」

「日本の一般的な学校のしくみの中では、ともするとＣ３の思考力なんて子供にもたせるべきではないと考えられているかのような節すらありますよね（笑）。ルールが決められていて、自分で判断してはいけないみたいな。生徒たちだけでなく、そもそもＣ３的な思考力をもっている先生を評価できない学校がほとんどです」

「たとえば形の上ではアクティブラーニング的な授業をしていても、思考のレベルが全然違うことがあります。Ａ領域止まりのアクティブラーニングなのか、Ｃ領域まで踏み込むアクティブラーニングなのか。思考コードを意識しないと、一部の地頭のいい生徒だけが勝手にＣ３の領域まで行っただけでその他ほとんどの生徒はＡ領域に終始していることも考えられます」

このような会話をしていると、初めはぼんやりとしか認識できていなかった「思考力」という言葉の輪郭が、くっきり鮮やかに見えてくる気がする。そのために思考コードという概念が有効なのだ。

現在議論が続いている大学入試改革では、知識偏重型の大学入試からの脱却が大きな目標とされているが、新入試制度の概念図を思考コードに当てはめてみると、思考力の

図3：大学入試改革のイメージと「思考コード」の対応

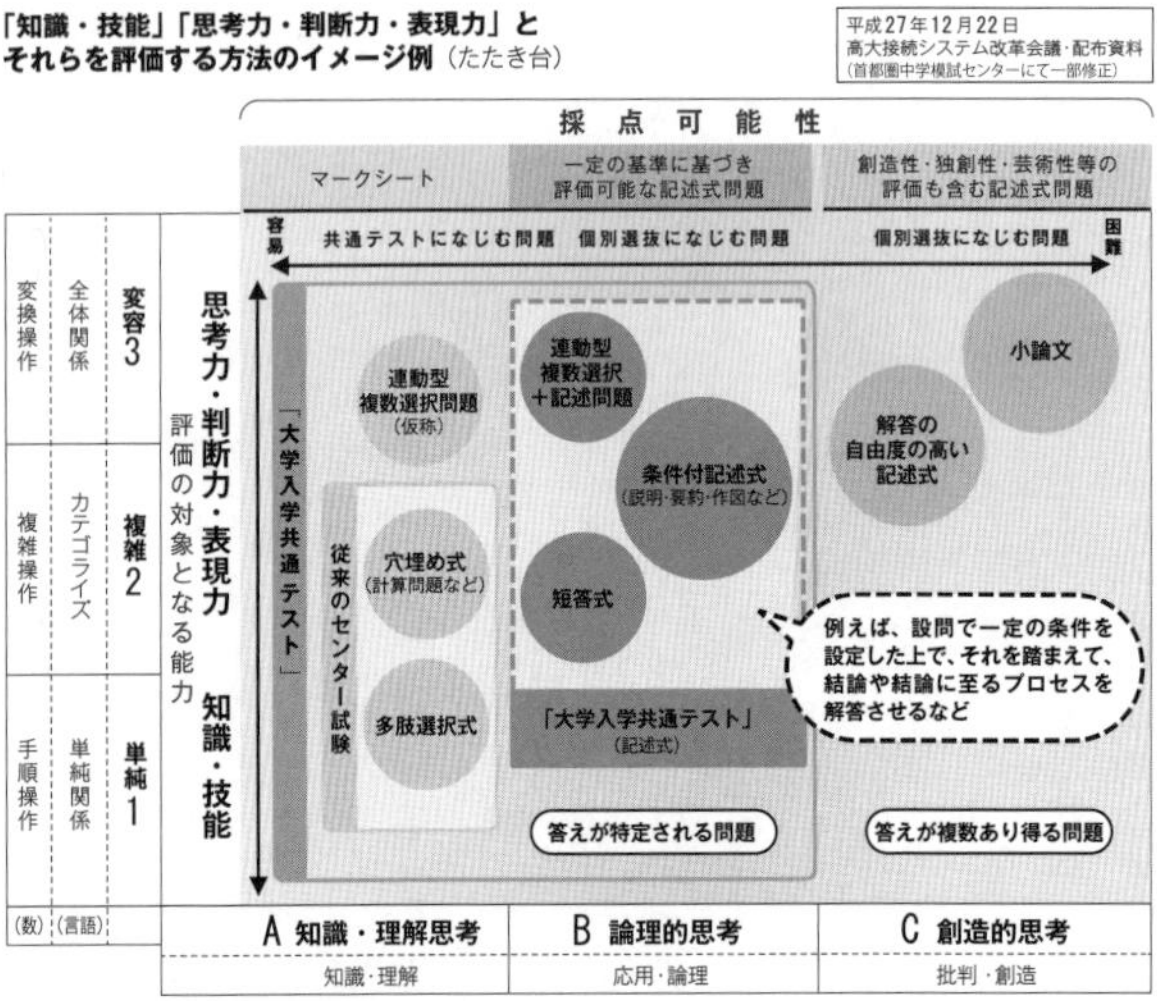

※上記、〇囲み部分は、あくまで問題形式の一例として挙げたもの。

※首都圏中学模試センターホームページより

観点から、従来の入試制度との違いがはっきりとわかる（図3）。

従来のセンター試験ではA1、A2のみしか見ていなかったが、「大学入学共通テスト」ではB3までを見ることが可能になる。さらに、各大学の個別選抜で自由度の高い記述式や小論文が課されるということは、C3の領域の思考力が求められるようになることが予測できる。

こうとらえると、大学入試改革で本質的に何が変わるのか、変えるべきなのかが理解しやすくなる。狙いとしては、ただ選択問題が記述問題に置き換わったり、単に応用問題が増えたりするという話ではないのだ。実際の大学入試改革の行方については、終章で考察する。

テストの点数や偏差値は上がったり下がったりする。しかし一度身に付いた思考のレベルが下がることは基本的にはあり得ない。子供の成長を見守る新しい観点として、思考コードを参考にしてみてほしい。

本章のポイント

・4教科・2教科型ではない中学入試が増えている。
・「偏差値」ではなく「思考コード」で子供の学力を見る時代へ。
・中学入試も大学入試も「思考のレベル」を評価する時代へ。

第７章　私立大学付属校が人気になる理由

実はコスパがいい

ここまで各章で、難関中高一貫校対策塾の寡占化、公立中高一貫校の台頭、そして中学入試の多様化を考察してきたが、中学受験における見逃せないトレンドとして、この章では私立大学付属校人気に焦点を当てる。これは中学受験のみならず、高校受験にも共通するトレンドだ。私立大学付属校とは、早稲田、慶應の付属校のほか、明治大学付属明治中高、中央大学附属中高などのことである。

大学入試改革の議論がなかなか明確な方向性を打ち出せない中、**私立大学付属校であれば内部進学で大学に進学できてしまうので、大学入試改革の混乱に巻き込まれなくてすむ。**そう考える家庭が多いことは想像に難くない。

人気の理由についてはさらに前向きな解釈もできる。私立大学付属校の教育が、大学入試改革の理念をすでに体現しているからともいえるのだ。

大学入試改革は、大学入試のしくみを変えること自体が目的なのではない。大学入試のあり方を変えることで、受験勉強偏重の高校以下の教育のあり方を根本から変えることこそが本当の狙いである。その点、**私立大学付属校ではもともと大学受験に規定されない教育を行っていた**。大学受験対策に時間をとられない分、プロジェクト型学習や、論文指導、ディスカッションやプレゼンテーションに多くの時間を割いている。であるならば、大学入試改革を待たずとも、大学付属校で学べばいいではないかというわけだ。大学での学びを先取りしたり、学校外でのボランティア活動やスポーツ・芸術活動にエネルギーを注ぐことも可能だ。部活や行事や趣味と学業を両立しながら、進路についてじっくり考える時間もある。「どこの大学に行けるか?」という不安ではなく「どの学部で何を学ぶべきか?」に焦点を当てて将来を考えることができる。

かつては「エスカレーター」などと揶揄されることも多かった私立大学付属校の価値が、大学入試改革とそれにともなう学力観の変化のおかげで、見直されているのである。「あまり大きな声では言えないが、手のかかる中学生ほど、支払った授業料以上のお金をかけてもらえる構造。その意味では私立大学付属校には早く入れたほうがお得」とある私立大学付属校の校長は言う。

私立大学付属校の場合、比較的都市部にあっても校地が広く、美しい人工芝のグラウンドを備えていることが多い。校地面積が東京ドーム数個分ということもざらである。理科実験室やコンピュータルームなどの設備も充実している。単体の私立中高一貫校ではおそらく維持は難しい。

大学の人的資源も利用できる。大学教員が付属校で授業を行うこともあるし、付属校の生徒が大学の研究室を使用させてもらえることもある。聴講生として大学の授業に参加して高校生のうちに大学の単位を取ることができたり、大学生といっしょに資格試験の勉強ができたりもする。中には、大学受験勉強の代わりに高1から公認会計士の勉強を始め、大学2年で合格してしまった強者もいる。

しかも、昨今、私立大学付属校であっても、大学で学ぶために必要な学力をつけさせるためにかなり勉強させている。たとえば慶應義塾普通部や中等部では、一定の学力を満たさないと中学生でも留年することがある。いまや私立大学付属校は子供を甘やかす「エスカレーター」ではないのだ。

付属校から他大へのハードルが下がる

中学受験の時点で大学を決めてしまっていいのかという批判も昔からある。しかし現在、その批判は時代遅れといえる。

私立大学付属校といえば、首都圏では早稲田・慶應・明治・青山学院・立教・中央・法政、関西では関西大・関西学院・同志社・立命館の系列が有名だ。実際に内部進学率が高いことでも他大学の付属校とは一線を画す。

しかしこの中で、明治、中央、法政、関西大の付属校は内部進学資格を保持したまま他大学受験を認める制度を設けている。国公立大に限る、あるいは私大なら系列大学にない学部に限るなど、学校によって条件は異なるが、一定の条件を満たせば他大学の受験が認められ、それが不合格であっても、系列の大学へは入学できる。

一般入試による他大学受験は認めていなくても、自校の内部推薦審査が行われる高3の12月くらいまでに結果がわかる推薦入試やAO入試などの特別入試であれば、他大を受験してもかまわないというルールを設けている学校はさらに多い。右記4大学系列の付属校に、同志社、立命館の系列が加わる。

一般入試を受験するのであれば、普通の進学校の生徒と同じような受験勉強をしなければならない。場合によっては塾に行く必要もあるだろう。しかしＡＯ入試のような特別入試を受験するのであれば、必ずしもいわゆるガチの受験勉強をしなくていい。学校での勉強の延長線上でＡＯ入試に応募して、ダメなら自校の系列の大学に行けばいい。昨今は多くの大学でＡＯ入試などの特別入試枠が増えており、他大学受験のハードルが下がっているのである。

今後はさらに、私立大学付属校生にとっての選択肢が増える可能性もある。大学入試改革では、各大学における個別選抜において、小論文や面接、集団討論、プレゼンテーションなどを入試に取り入れる方向性が打ち出されているからだ。

もともと私立大学付属校では、自らテーマを決めて取り組むプロジェクト型学習や、論文指導、ディスカッションやプレゼンテーションに多くの時間を割いている。これが**期せずしてそのままＡＯ入試対策にもなっている**のだ。卒業論文や自由研究などで時間をかけて取り組んだテーマを、そのまま他大受験の際の小論文の題材にすることだって可能だ。大学進学後に必要になる力を養成するために行う指導が大学入試で高く評価されることは考えてみれば当然である。

一般入試での他大学受験を認めている某私立大学付属校においても、他大学進学者のうち約7割がＡＯ入試を利用しているとのこと。他大学からの指定校推薦枠を多くもっている付属校もある。

主に定期試験の結果をもとに付けられる高校3年間の成績が重視されるのは、ＡＯ入試などの特別入試でも内部推薦入試でも同じである。塾での勉強を中心にするのではなく、学校の勉強をしっかりコツコツこなす生徒が有利になる点で、付属校生にとってＡＯ入試などの特別入試との相性はいい。

中学校や高校の時点で私立大学付属校に入学したからといって、必ずしも将来の進路が固定されてしまう時代ではない。内部進学と他大学受験の併願戦略が可能なのだ。

日東駒専は今後人気に

ちなみに、早慶ＭＡＲＣＨ関関同立以外に内部進学率が8割を超える付属校をもつ大学は、**東海**、**専修**、**近畿**くらいしかない。それも数ある付属校のうちのごく一部である。**日大**で7割台、**駒澤**で6割台。大学とキャンパスをともにして一貫教育校としてのイメージが強い**成蹊**、**玉川学園**、**成城学園**であっても、それぞれ2割、3割、5割程度である。女子大付属校にいたっては、進学校としての側面が圧倒的に強い。首都圏では**日本**

女子大学附属高等学校、関西では武庫川女子大学附属高等学校の7〜8割台が目立つ程度。

大学のブランド力が下がれば大学の入試難易度は下がる。中学受験や高校受験における難易度よりも大学受験における難易度が下がってしまえば、大学で外に出て行ってしまう生徒が増えるのは当然の流れである。それが一定以上の割合に進行すると、組織的には付属校でありながら、内部進学制度は形骸化し、進学校としての独自の路線を歩むしかなくなるのである。

100%近い内部進学率を前面に打ち出す私立大学付属校があれば、他大学への進学実績を前面に打ち出す私立大学付属校もある。私立大学付属校の二極化現象といえる。

ところで文部科学省は、東京一極集中の是正に向けて、定員8000人以上の大規模私立大学に対して入学定員の厳格化を2016年から進めている。2018年5月には東京23区内の私立大学の定員増を2028年3月末まで認めない法案が成立。該当の私立大学では2018年の入試において早くも合格者数を絞っており、今後ますますの難関化が見込まれる。いわゆる日東駒専（日本、東海、駒澤、専修）レベルの大学入試難易度も上がっており、今後はそれらの系列の付属校も人気が高まる可能性がある。

内部進学基準に教育観が表れる

私立大学付属校を選ぶときには内部推薦の条件に注目するといい。内部推薦の条件は、その付属校が卒業生に保証する能力基準を示したものだ。専門用語では「ディプロマ・ポリシー（単位認定方針）」と呼ぶ。「アドミッション・ポリシー（入学許可方針）」「カリキュラム・ポリシー（教育課程方針）」と3つセットで学校の教育方針の軸をなす。

最もシンプルなのは、主に定期試験の点数によって付けられる高校3年間の成績のみを審査対象にする方法。その中にも、3年間の平均で審査する方法や各学年での成績に比重を付けて得点換算する方法があるなど細かい部分は学校によってさまざまだ。

定期試験とは別に行う実力考査や外部模試の結果を加味する場合は多い。高3で実施する実力考査を明確に内部推薦審査のための実力考査と位置付けている学校もある。卒業論文を審査の対象にする場合もある。最近では英語の資格・検定試験で一定の基準を満たすことを求める学校が増えている。

明治大学付属明治高等学校では、明治大学への内部推薦の条件に、英検2級とTOEIC450点の両方を課す。その代わり、内部進学者はほぼ全員、明治大学の希望の学部に進むことができる。内部進学者同士で成績を争う必要がない。

立教池袋高等学校の基準はユニークだ。高校３年間の成績が占める割合は55％。20％は卒業論文。残りの25％は「自己推薦」によって評価される。自己推薦では、部活や生徒会活動での活躍はもちろん学校外での奉仕活動や無遅刻無欠席をアピールしてもいい。

早稲田大学本庄高等学院では、教科成績だけでは測れない多面的な能力を評価するという目的で、「G選抜」という内部推薦のしくみを新設した。部活なども含めたテストの成績以外の３年間の活動履歴をデータ化し、それを評価する。内部推薦枠のうち10％を「G選抜」枠に割り当てる。

早稲田大学高等学院では、３年間の各種実績と志望学部での学習計画などを総合的に判断し、進学先が決定する「総合選抜制度」という内部進学制度も設けている。

学業成績だけでなく、生徒一人一人の良いところを評価する姿勢の表れだ。コツコツと定期試験対策を頑張るべきなのか、実力考査で力を発揮しなければいけないのか、学業以外にもアピールのチャンスがあるのか。内部推薦審査の基準に各学校の学習観、学力観が表れている。

ただし懸念もある。

1つは、私立大学付属校における「難関大学進学コース」のような存在だ。せっかくの大学入試に規定されない環境に受験競争の原理を持ち込むことになる。大いなる矛盾だ。新興進学校の「特進コース」と変わらない。

特にコースの細分化が目立つのは関西の私立大学付属校だ。関西ではもともと国公立大学志向と医学部志向が非常に強いからである。納得せざるを得なかったのはある教員から聞いたこんな話だ。

「付属小学校ができたことによって、裕福な家庭のお子さんが増えた。その中には医者の子供も多い。医学部を目指す生徒が増えます。しかしうちの大学には医学部がない。内部進学のために必要な学力と、他大学の医学部を突破するために必要な学力はまるで違います。そうなれば医学部対策のコースをつくるしかありません」

付属校を縦軸的に拡大することで、せっかく手塩にかけて育てた生徒を逃すケースが増えるとは皮肉である。

もう1つの懸念は、大学入試改革が成功すれば、AO入試など特別入試の拡大により付属校の生徒の選択肢が広がる一方で、付属校であることの特異性が薄れることである。

私立大学付属校の教員たちは次のように口を揃える。

「大学入試改革の方向性には大賛成。私たちはずっとそういう教育をしてきました。私たちのしてきたことがやっと理解される時代がやってきたという喜びがあります。一方で、大学入試改革が成功するということは、内部進学制度と似たような手続きで一般の高校生も大学に進学できるようになるということ。私たちの相対的な特異性は失われるという危機感があります。さらに先を目指して独自の改革を進めなければいけません」

本章のポイント

・大学入試改革の影響で私立大学付属校の人気が高まっている。
・私立大学付属校から他大学への進学チャンスは増えている。
・私立大学付属校を選ぶときは大学への内部推薦の条件を見るといい。

第8章　いま見直される男子校・女子校の教育

男子校・女子校はもはや絶滅危惧種

事実。第3章で取り上げた学力最上位層が通う塾・鉄緑会の13の指定校のうち11校は男子校または女子校である。前章で触れた早慶付属校のフラッグシップ的存在、慶應義塾高等学校、慶應義塾女子高等学校、早稲田大学高等学院はどれも男女別学校である。これが何を意味するのかを、この章では考察する。

全国には約5000の高校がある。2017年度の文部科学省「学校基本調査」によれば、そのうち女子校は306校、男子校は109校。割合にするとそれぞれ6・2%と2・2%。それほどに少ない。1970年代にも全国には約5000の高校があったが、当時、女子校は750校近く、男子校は450校近く存在した。そのころから比べると激減である。男女別学校出身者は、もはや絶滅危惧種といってもいい。

それなのに、2018年の東大合格者数ランキングトップ20では、男子校が14校、女子校が2校と、男女別学校が4分の3以上を占めている。上位7位まではすべて男女別学校である。絶対数は少ないのに、学力上位校には男女別学校が圧倒的に多いのだ。

実はこの傾向、海外では以前から指摘されている。

イギリスでは、高校全体に占める男女別学校の割合は6%程度である。しかし、同国の高校修了レベルでの全国統一試験の結果を見ると、成績トップ10に並ぶ高校のうち9校が男女別学校である。16歳を対象に実施されるテストの結果も、トップ50校の約8割が男女別学校となっている（「Times Online」2009年12月1日、10年3月24日より）。

韓国でも、2009年に初めて成績が公表された「大学修学能力試験」において、男女別学校の生徒の平均点が、共学校の生徒のそれを大きく上回っていた。このとき「東亜日報」は、「男女の脳構造は先天的に異なることが相次いで明らかになっている。このように生物学的に異なる男女を同様の環境の中、同様のやり方で教育を行うこと自体がナンセンスだという主張が説得力を得つつある」と報じた。

また、イギリスの学校評価機関ＯＦＳＴＥＤ（The Office for Standards in Education）は、1998年の調査をもとに、「社会経済的背景と成績との相関関係は見られず、共学か別学かということのほうが相関関係は強い。また、男女別学の生徒のほうが学習に対して積極的な態度であることが明らかだ」とした。

オーストラリアの教育研究機関であるＡＣＥＲ（The Australian Council for Educational Research）も２０００年、男女別学校で学んだ生徒のほうが、共学校で学んだ生徒にくらべて15～22％も成績が良いと発表した。そして、「12歳から16歳の年齢帯においては、認知的、社会的、発達的な成長度合いの男女差が大きく、共学の学習環境には限界がある」と結論づけている。

このほか、アメリカやカナダ、ニュージーランドでも、男女別のクラス編成にしたところ、男女ともに成績が向上したという事例が多く報告されているのだ。

運動会でわかる男女の「集団」の違い

いわずもがな、男だから女だからと性別でひとの能力や性格を語ることはできない。しかし、それでも「集団」としてみたときに、男女の違いはある。特に、男子校と女子校の運動会の違いは象徴的だ。

男子校のほぼ１００％が、運動会では学年を縦割りにした「組対抗」で争う。中高一貫校であれば、中1から高3まで縦割りでチームを編成する。だから勝負は互角だ。共学でもほとんどこの形式だろう。

たとえば**開成**。毎年、中高縦割りの8チーム対抗で運動会が行われる。8つのチームそれぞれに色が割り振られており、OB同士が出会うと「何色でした？」と聞くのが挨拶代わりというほどに、チームへの帰属意識が強い。各チーム、高3を頂点に明確な命令系統が組織され、中1の一人一人にまで役割が与えられる。それぞれの生徒がそれぞれの立場で個性を発揮することで、チームの勝利を達成しようとする。

ところが、女子校の運動会では、多くの場合、「学年対抗」で競技する。高3と中1がリレーで競ったりするのだから、勝負は見えている。ほぼ毎年、高3が優勝する。

それでは面白くないのではないか。しかし、ある女子校の教員は、「一時期、縦割りのチーム編成を試みたことがあったが、生徒たちからは『つまらない』と不評で、学年対抗に戻した」と証言する。ほかにも複数の女子校教員から、次のような説明を聞くことができた。

「女子は、勝ち負けよりも、自分たちのチームワークをどれだけ高めることができたかに重きを置く」

このことから導かれる仮説は、男子の集団は「命令」によって縦型の組織をつくるのが好きだが、女子の集団は「共感」によって横型の組織を作るのが好きだということだ。生徒一人一人を見た場合、性別で性質を語るのはナンセンスである。しかし、集団となったとき、やはり男女が示す嗜好、行動パターンは違うのだ。このことからも、学校において、男女を分けて教育することには、一定の意義があると考えることができるのではないだろうか。

アメリカでの論争の結論は?

アメリカのNASSPE（The National Association for Single Sex Public Education＝男女別学公教育協会）の代表で、小児科医でもあるレナード・サックスは、「女子は励まして自信をもたせる。一方、男子には現実を見せて、自分が思っているほどに自分が賢くないことを自覚させ、もっと上手にできるようにけしかけると良い」と主張する。そうであるなら、授業の進め方も男女で違えなければならない。

また、サックスは、脳の構造や機能の違いから考えても、男女それぞれに応じた教え方があると訴える。たとえば、女子は言葉を音の連続として覚える音韻メモリーを使うのが得意なのに対し、男子は視覚的に画像で覚える視空間メモリーを使うほうが得意だ、という違いがあるそうだ。ゆえに、男子には図解形式の板書が記憶に残りやすく、女子には、話し言葉で説明を加えながら板書するほうが効果的だというのだ。

サックスの主張に反論する科学者もいる。神経科学者のリーズ・エリオットである。ただし反論のポイントは、性差があることは認めたうえで、それが脳の構造によって先天的にもたらされるわけではないという点だ。

「男女別学が優れていることを決定的に示す証拠は存在しない」として、むやみに男女別学校を推進しない立場を表明してはいるが、一方で「男女が発達期に互いに距離を置き、保護される時期をつくることはよいかもしれないという考えには説得力がある」とも述べているのだ。

東大合格者数ランキングのトップ20に入るような、高い進学実績を誇る男女別学伝統校では、おそらく、サックスが指摘するような、男女それぞれに最適化された教育が、長い歴史の中で自然に行われるようになったと考えられる。

「日本男女別学教育研究会」が主催する「男女別学シンポジウム」に寄せられた知見によれば、男子と女子の学び方には、やはり違いがあるという。ごく一例を挙げる。

・数学：女子は1番の問題から順番に説明する必要があり、途中でわからなくなったらまた1番からやり直さなければならない。男子の場合は、概論だけを説明し、あとは実際に問題を解かせてみるほうが早い。
・英語：女子は文脈優先で感覚的に読解する。男子は文法に則って数学的に読解する。
・国語：物語については、女子は行間に込められた感情を読み取ることができるが、男子はそれが苦手。論説文については、女子は前から1文ずつ順に読みこなしていくが、男子は全体の構造を把握したうえで、段落ごとの主旨を捉えて全体を読解しようとする。

これを裏づける事例もある。分類上は共学でありながら、授業は男女別クラスにしている学校だ。東京の國學院久我山、神奈川の桐光学園など。これらの学校では、基本的に男女に同じカリキュラムを与えながら、個別の授業においては、男子クラスと女子クラスで指導法を変えているという。

「ジェンダー・バイアス」が少ない

男女別学の教育環境によって、ペーパーテストで測れる学力が向上したとしても、それは、男女共同参画社会の精神に反するのではないか、という批判があるかもしれない。しかし、海外での複数の調査は、むしろ男女別学のほうが、教科に対する性別による固定概念を打ち崩しやすいことを示唆している。世間一般の常識からすれば逆説的に聞こえるが、よく考えてみればその〝常識〟こそ思い込みだと気づく。

一律共学化を主張するひとたちからよく聞かれる、「学校は社会の縮図であるべきだ」という意見がある。しかし、これには大きな矛盾が隠れている。

現在はまだ男女共同参画社会が実現しているとはいえないから、それを是正しなければならない。その主張は正しい。しかし、だからこそ、学校の教室を「社会の縮図」にしてしまったら、現在の社会に残存している「男女不平等な既成概念」すなわち「ジェンダー・バイアス」もそのまま学校空間に持ち込まれることになる。「男性は男性らしく、女性は女性らしくあれ」という既存社会からの暗黙のメッセージが教室に入り込む。たとえば音楽の時間、綺麗な声で歌を歌う男子は気持ち悪いとか、縫い物が下手な女子は肩身が狭いとか……。

だが男女別学校にはこうしたジェンダー・バイアスが入り込む余地がないので、無理に〝男らしく〟振る舞う必要も〝女らしく〟振る舞う必要もない。

当然だが、女子校では、文化祭の準備も運動会の準備も女子だけで行う。重い物を運ぶときも、トンカチとノコギリで大道具を用意するときも、男子に頼るわけにはいかない。一方、男子校では、部活が終わった後に食べるおにぎりを、女子マネージャーにつくってもらうわけにはいかない。男子のみですべてをこなすことになる。

男女別学校においては、男女ともに成績が向上しやすいだけでなく、ジェンダー・バイアスの影響を受けにくいのだ。

男子校・女子校は「オタク」の楽園⁉

一般に「オタク系」と呼ばれるような生徒が生き生きしているのも、男女別学校の特徴だ。

共学校では、異性に人気がある、いわゆるイケてる生徒が教室内のヒエラルキーの上位に君臨することが多い。オタク系と呼ばれるような生徒は異性から人気がなく、教室の中での立場も低くなり、自己肯定感が下がりがちだ。

しかし、男女別学校では異性による評価がないから、そのような階層化が起こりにくい。たとえば男子校では、オタク系の男子とサッカー部のキャプテンが一緒に弁当を食べている、といった光景が普通に見られる。

また、女子の目を気にせず思い切りバカになれるのは、男子校の醍醐味だ。もちろん、共学校の男子もしょうもないバカをするが、男子校ではそれがまさに日常である。思い切りバカをして自分の殻を破り、「本当の自分」に出会う。

異性の目を気にしなくていいからありのままの自分でいられるという点については女子校も同じ。さらに女子校の場合、女性のためのキャリア教育をしやすいのも特徴だ。

たとえば、**品川女子学院**には「28プロジェクト」というキャリア教育がある。結婚、妊娠、出産などで女性にとっての人生のターニングポイントを迎える平均年齢である28歳を見据えて、自立した女性になるための教育だ。総合的な学習の時間を利用して部分的に取り組むだけでなく、学校の教育全体が28歳を見据えた設計になっている。これは共学校では真似できない。**桜蔭**にも「女性学」というプログラムがある。

異性の目を気にせずに、徹底的に自分の可能性に向き合うからこそ、結果、旧来の女性らしさや性的役割の殻を破ることができる。女子の可能性を閉じない。

女性の活躍が期待される現在の日本社会において、むしろ女子校の教育が果たす役割は大きいのではないか。ちなみに、ヒラリー・クリントンもレディ・ガガもオノ・ヨーコも緒方貞子も女子校出身である。

ジェンダー論とは区別すべき

男女別学のほうが共学よりも絶対的に優れていると主張したいわけではない。

共学校では、男女がお互いの長所短所を補い合うことができる。 たとえば女子がコツコツ日々の勉強を頑張る姿を見て、瞬発力勝負になりがちな男子も少しはコツコツと勉強する習慣が付く効果があると考えられる。逆に大学受験直前にものすごい集中力で追い込みをかける男子生徒の様子を見て、女子も追い込みのペースを上げるという効果も期待できる。

また、女子たちは、中高生のうちから現実的に10年後、20年後の自分を思い描いていることが多い。出産するには生理的なタイムリミットがあり、そのことから逆算して将来のことを考える必要があるからだ。共学校の教室の中では、女子がどんなライフプランを思い描いているのかを、男子も間近でなんとなく感じることができる。しかし男子校の生徒にはまったくその機会がない。

さらに、共学校であっても、男子だけの部活、女子だけの部活など、男女を分けて活動する機会があれば男女別学校の空気を部分的に経験することはできるが、その逆はない。

結論を言えば、おおかたの子供たちは、男女別学校に行こうが共学校に行こうが大丈夫。どちらにも上手く適応し、それぞれの環境で学ぶべきことを学び、どちらの道を通ったとしても最終的には「そのひとらしく」育つだろう。

しかし中には、共学という環境が合わない男子、女子もいるはずだ。男子校という環境でこそ伸びやすい子、女子校という環境でこそ伸びやすい子、共学校という環境でこそ伸びやすい子もいるに違いない。それこそ個人差である。

「これからは多様性の時代。同性だけの集団で学ぶことは時代に即さない」という表層的な論理を盾に、男女別学校の存在を否定するような風潮があるが、それこそ教育の多様性を損なうという矛盾を指摘しておきたい。

男女別学か共学かという議論はジェンダー論として捉えられがちだが、実は、突き詰めていくと「学校にどこまでの機能を求めるのか」という話に行き着く。

つまり、もともとは大家族や地域社会が担ってきた「異性とのコミュニケーション能力を育成する場」としての役割を、学校がそっくり引き受けるべきなのかどうかという問いである。これは、社会のあり方が変容する中で、社会として学校にどこまでの機能を求めるかという問題であり、本来、ジェンダー論とは別次元で議論されるべき事柄であるはずだ。

本章のポイント

・男女別学校は学力が上がりやすく、ジェンダー・バイアスも少ない。
・オタク系の生徒には男子校・女子校がおすすめ。
・一律の共学化はむしろ教育の多様性を損なうという矛盾がある。

第9章　地方では公立高校が強い

東大、京大、国公立大医学部は同難易度

ここで視点を地方に向ける。

東大合格者数ランキング上位校（第1章参照）を見ると、私立中高一貫校の存在感が圧倒的に大きい。そのため私立中高一貫校が多い首都圏と地方とでは、教育機会に大きな格差があるように感じられる。しかしここに二重の錯覚がある。

原因の1つは、東大はたまたま東京にあるだけであり、東京の学校からたくさんの合格者が出るのは当たり前だということ。もう1つは、その東京においてはたまたま私立中高一貫校が優位にあるだけだということ。全国的に見れば、私立高校よりも公立高校のほうが高い進学実績を残している地域が圧倒的に多いのだ。

そもそも昨今、「何が何でも東大」という受験生は減っている。

バブル崩壊以降の不景気や幾度かの大震災の影響、および昨今の受験生やその保護者の現役志向もあり、大学進学における地元志向が顕著になっている。特に関西では「近くに京大があるのになぜわざわざ東大まで行くのか？」という意識がもともとある。

さらに医学部人気も目覚ましい。「東大」というブランドをあてにするよりも、医師免許という実利を取ったほうが将来食いっぱぐれる心配がないという現実的な価値観だ。**十分に東大を狙える学力がありながら、あえて医学部を目指す高校生が増えている。**

2017年の河合塾のボーダー偏差値（合格率50％）では東大の理Ⅲ（医学部系）が72・5、文Ⅰ（法学部系）70、それ以外は67・5。京大は、医学部がやはり72・5、それ以外は62・5～70。全国に50ある国公立大医学部の平均偏差値を概算してみると66・75。志望倍率の高い奈良県立医科大（14・7倍）で偏差値は70、岐阜大（11・4倍）では67・5になる。国公立大学医学部および京大の入試が、東大の平均的な学部の入試と遜色のない難易度であることがわかるはずだ。

ゆえに、進学校の最難関大学合格者数を比較するときは、東大合格者数だけでなく、少なくとも京大合格者数と国公立大医学部合格者数も見たほうがいい。しかも、単年での大学合格実績はブレ幅が大きいので、複数年にわたる傾向を見たほうがいい。そこで、各種受験データを取り扱う「大学通信」の協力を得て、作成したのが表1・表2である。

ちなみに全国に31ある私大医学部の平均偏差値でも約66と概算できる。早稲田・慶應の一般的な学部の入試難易度をしのぐ。しかも私大の場合、複数受験が可能なため、倍率が異常に高い。私大医学部募集定員に対する志願者数の倍率は約33・7倍にもなる。志願倍率全国1位の東海大学医学部は、偏差値65で倍率およそ100倍の難関だ。しかし私大の場合1人が複数の合格を手にすることができてしまい、単純な合格者数でのランキングはあまり意味をなさない。

東大合格者ランキングでは、例年トップ10のうち9校は首都圏の学校が占めてしまう。残りの1校は兵庫県の私立・灘である。しかし、東大・京大・国公立大医学部のランキングとなると、トップ10に占める首都圏の学校はたったの3校となる。首都圏の教育レベルは高いというのが思い込みでしかないことがわかる。

さらにそこから、公立高校だけを抽出してみたランキングが表2である。地方勢の強さが際立つ。東大では公立1位の日比谷高校ですら、9位になる。ただし、特に西日本勢が強いのは、国公立大医学部が西日本に偏在していることも影響していることを付け加えておかなければフェアではないだろう。

表1：全高校平均

順位	国公私立	高校名	所在地	平均の合計	2014-2018合格者数平均（人）			
					東大	京大	国公立医学部	国公立医学部(除東大・京大)
1	○	開成	東京	229.8	169.8	9.0	62.0	51.0
2	○	灘	兵庫	177.4	95.6	38.8	80.2	43.0
3	○	東海	愛知	173.0	29.0	36.6	114.4	107.4
4	○	洛南	京都	158.6	20.0	70.4	83.4	68.2
5	○	東大寺学園	奈良	142.6	28.8	63.2	61.4	50.6
6	○	西大和学園	奈良	132.2	29.6	60.2	45.2	42.4
7	○	甲陽学院	兵庫	131.8	29.4	53.8	54.6	48.6
8	○	ラ・サール	鹿児島	127.2	38.4	8.2	85.0	80.6
9	○	麻布	東京	125.8	88.2	14.4	26.6	23.2
10	◇	筑波大附駒場	東京	123.8	105.8	2.6	27.6	15.4
11	○	桜蔭	東京	108.8	68.8	2.2	45.4	37.8
12	○	大阪星光学院	大阪	104.0	15.6	48.6	43.0	39.8
12	○	久留米大附設	福岡	104.0	32.4	10.0	63.6	61.6
14	○	渋谷教育学園幕張	千葉	101.4	61.2	9.0	33.4	31.2
15	○	聖光学院	神奈川	100.6	71.4	6.8	25.8	22.4
16	○	洛星	京都	100.0	9.8	53.2	40.6	37.0
17		北野	大阪	95.6	7.0	68.4	21.2	20.2
18	○	駒場東邦	東京	93.4	62.6	8.4	24.2	22.4
19		旭丘	愛知	93.2	25.6	33.2	35.0	34.4
20	◇	東京学芸大附	東京	89.8	52.4	9.4	28.2	28.0
21	○	海城	東京	87.8	44.6	7.0	38.0	36.2
22	○	栄光学園	神奈川	87.8	61.6	5.4	24.0	20.8
23		膳所	滋賀	83.0	3.2	54.6	25.8	25.2
24	○	愛光	愛媛	78.2	17.6	7.2	55.0	53.4
24		熊本	熊本	78.2	15.6	16.6	46.2	46.0
26		天王寺	大阪	74.8	2.8	52.6	20.0	19.4
27		堀川	京都	72.6	8.4	50.0	15.4	14.2
28	○	広島学院	広島	72.2	18.4	15.2	39.4	38.6
29		岡崎	愛知	72.0	24.0	22.8	26.0	25.2
30		札幌南	北海道	70.4	11.6	11.4	48.2	47.4
31	○	清風南海	大阪	69.8	5.2	35.2	30.4	29.4
32		日比谷	東京	69.8	44.0	6.6	19.6	19.2
32	○	白陵	兵庫	69.8	16.2	18.4	37.2	35.2
34	○	四天王寺	大阪	68.4	0.6	19.8	50.0	48.0
35		岐阜	岐阜	66.8	16.4	19.2	31.6	31.2
36	○	智辯学園和歌山	和歌山	65.8	7.6	16.0	44.6	42.2
37	○	豊島岡女子学園	東京	65.8	29.2	4.8	32.4	31.8
38		浦和・県立	埼玉	62.6	27.2	13.0	22.8	22.4
39		新潟	新潟	61.0	13.8	8.2	39.8	39.0
40	○	大阪桐蔭	大阪	60.8	1.8	39.6	20.2	19.4
41		仙台第二	宮城	59.8	11.8	8.8	39.4	39.2
42		浜松北	静岡	59.6	13.4	18.2	28.8	28.0
43	○	滝	愛知	59.4	6.4	14.6	38.6	38.4
44	○	浅野	神奈川	57.2	35.6	5.4	16.8	16.2
45		修猷館	福岡	56.8	13.8	16.4	26.8	26.6
46		岡山朝日	岡山	56.6	15.2	11.4	30.4	30.0
47	○	青雲	長崎	55.8	9.2	1.8	45.6	44.8
48	◇	筑波大附	東京	55.6	31.0	5.0	21.0	19.6
49		西	東京	55.2	26.2	14.2	15.2	14.8
50		千葉・県立	千葉	54.6	23.2	9.8	21.8	21.6
50	○	南山	愛知	54.6	5.6	10.8	39.6	38.2

のある学校への大学通信の調査による。国公立大医学部医学科には防衛医科大は含
合計。

データ提供：大学通信

表2：公立高校平均

順位	高校名	所在地	平均の合計	2014-2018合格者数平均（人） 東大	京大	国公立医学部	国公立医学部(除東大・京大)
1	北野	大阪	95.6	7.0	68.4	21.2	20.2
2	旭丘	愛知	93.2	25.6	33.2	35.0	34.4
3	膳所	滋賀	83.0	3.2	54.6	25.8	25.2
4	熊本	熊本	78.2	15.6	16.6	46.2	46.0
5	天王寺	大阪	74.8	2.8	52.6	20.0	19.4
6	堀川	京都	72.6	8.4	50.0	15.4	14.2
7	岡崎	愛知	72.0	24.0	22.8	26.0	25.2
8	札幌南	北海道	70.4	11.6	11.4	48.2	47.4
9	日比谷	東京	69.8	44.0	6.6	19.6	19.2
10	岐阜	岐阜	66.8	16.4	19.2	31.6	31.2
11	浦和・県立	埼玉	62.6	27.2	13.0	22.8	22.4
12	新潟	新潟	61.0	13.8	8.2	39.8	39.0
13	仙台第二	宮城	59.8	11.8	8.8	39.4	39.2
14	浜松北	静岡	59.6	13.4	18.2	28.8	28.0
15	修猷館	福岡	56.8	13.8	16.4	26.8	26.6
16	岡山朝日	岡山	56.6	15.2	11.4	30.4	30.0
17	西	東京	55.2	26.2	14.2	15.2	14.8
18	千葉・県立	千葉	54.6	23.2	9.8	21.8	21.6
19	高松	香川	53.2	8.8	13.4	32.2	31.0
20	金沢泉丘	石川	52.4	12.2	21.4	19.0	18.8
21	藤島	福井	50.4	8.6	13.8	28.2	28.0
22	鶴丸	鹿児島	50.2	11.6	7.6	31.0	31.0
23	富山中部	富山	45.0	17.6	3.8	23.8	23.6
24	神戸	兵庫	44.8	5.0	25.6	14.2	14.2
25	奈良	奈良	43.2	1.8	31.6	10.0	9.8
26	土浦第一	茨城	42.4	19.4	6.4	16.8	16.6
27	四日市	三重	41.6	10.2	15.2	16.6	16.2
28	秋田	秋田	40.8	9.8	2.0	29.0	29.0
28	横浜翠嵐	神奈川	40.8	21.2	7.8	11.8	11.8
30	明和	愛知	40.2	6.4	23.4	10.4	10.4
31	筑紫丘	福岡	39.6	8.8	13.6	17.6	17.2
32	宮崎西	宮崎	39.4	7.4	4.8	27.6	27.2
33	長田	兵庫	39.2	3.6	22.4	13.2	13.2
34	国立	東京	39.2	21.4	9.4	8.4	8.4
35	大分上野丘	大分	39.0	10.4	4.2	24.6	24.4
36	大手前	大阪	38.6	1.2	29.4	8.8	8.0
37	三国丘	大阪	37.4	1.6	25.8	10.2	10.0
38	一宮	愛知	37.4	9.8	18.0	9.6	9.6
39	宇都宮	栃木	37.2	15.4	2.8	19.2	19.0
40	前橋・県立	群馬	37.0	9.0	5.4	23.2	22.6
41	湘南	神奈川	36.8	19.0	8.2	9.6	9.6
42	姫路西	兵庫	34.6	7.0	20.6	7.2	7.0
43	静岡	静岡	34.4	9.4	9.8	15.2	15.2
44	札幌北	北海道	34.4	4.8	5.2	24.6	24.4
45	西京	京都	34.0	1.8	27.4	5.2	4.8
46	水戸第一	茨城	33.6	13.2	3.6	17.0	16.8
47	刈谷	愛知	32.6	9.0	15.4	8.2	8.2
48	長野・県立	長野	32.0	10.6	5.8	15.6	15.6
49	高岡	富山	31.8	7.8	8.4	15.6	15.6
50	時習館	愛知	31.4	7.6	12.2	11.6	11.6

※表の見方：◇＝国立、無印＝公立、○＝私立。高校別合格者数は合格実績→
んでいない。「平均の合計」は東大、京大、国公立医学部（除東大・京大）の

首都圏で中学受験文化が発展した理由

「水路づけ」という言葉がある。土のグラウンドに流れる雨水をイメージしてほしい。一筋の水路ができると土が削られ、そこにさらに水が集まり、水路がどんどん幅を増していく様子からできた言葉だ。これと同じことが「進路」にもいえる。地域の中で、優秀な子供たちが集まる「進路」がひとたびできると、そこにさらに優秀な子が集まるようになるのだ。「水路づけ」に対して「進路づけ」とでもいえようか。

その「進路づけ」のパターンが、首都圏と地方都市とでは違うのだ。地方の感覚で「中学受験などしなくても、一流大学に合格できる」というのも論点がずれているし、首都圏の感覚で「公立より私立の教育が優れている。地方の教育は遅れている」というのもまた違う。そもそもの教育文化が違うのだ。

ではなぜ東京を中心とした首都圏で、私立中学受験文化が発達したのか。

1960年代の前半までは、東京でも、トップ校といえば公立だった。東大合格者数ランキング上位を、日比谷、西、戸山、新宿、小石川、両国などの都立高校が占めていた。中でも日比谷は、1964年には193人もの合格者を出すなど、不動のナンバーワン。現在の開成のような存在だった。

しかしそれが〝平等〟の精神に反するとして、1967年、東京都は「学校群制度」を導入する。要するに、受験生が志望校を選べないようにしてしまったのだ。思惑通り、日比谷はすぐに王者の地位から陥落した。しかし結局のところ、優秀な子供たちが都立高校に分散して全体のレベルが底上げされるのではなく、私立・国立の中高一貫校に流れるという皮肉な結果をもたらした。1982年、東京都は学校群制度を廃止したが、都立高校の人気が復活することはなかった。

学校群制度を導入したのは東京都だけではなかったが、他県では、影響は限定的だった。理由は2つ考えられる。

1つは、そもそも地方には受け皿となる私立高校が少なかったこと。もう1つは、高度成長期の東京都には地方出身者の世帯が多く、都立高校への愛着が薄かったこと。逆に言えば地方では、各地域に地元から愛される「ご当地名門校」があり、入試制度が変わっても学校のブランド力が損なわれなかったと考えられる。

かくして東京都では、学力上位層の多くが、15歳ではなく12歳で受験する文化が定着した。そしてその影響は近隣の神奈川県や千葉県、埼玉県にもじわりじわりと広がった。

「都立復権」は本当か？

１９８０年代の終わりには、東大合格者数に占める私立高校出身者の割合が、公立高校出身者の割合を上回り、１９９０年代にさらにその差が広がった。

２０００年代に入り、その差がやや縮まりつつある。理由の１つには、２００１年から始まった都立高校改革がある。当時の石原慎太郎都知事の強力なリーダーシップのもと、東京都の教育委員会は学区を廃止し、進学指導重点校を指定し、難関大学への合格者数を具体的な目標として掲げたのだ。

東京都全体の優秀な受験生を特定の進学指導重点校に集中させ、明確に大学受験を意識した指導を施し、大学進学実績を伸ばそうということ。要するに、学校群制度とは正反対のことをして、しかもそれを強くアピールしたのだ。

学区の拡大は高校の大学進学実績を引き上げるうえで特効薬となる。学区が広がれば、それだけ広い範囲から優秀な生徒を集めることが可能になるからだ。「低迷していた公立高校が奇跡の復活を果たした」という話の背景には大抵の場合、学区の拡大がある。

東京都全体が１学区になるということは、約１３００万人規模という巨大な人口が１

学区になるということだ。人口規模から言えば、これは東北地方（青森・岩手・宮城・秋田・山形・福島）と北陸地方（新潟・富山・石川・福井）をすべて合わせて1学区にしたのとほぼ等しい。

ちなみに都道府県単位で学区の撤廃ができない場合には、個別の学校に「専門学科」を設ける方法がある。「普通科」の生徒募集には学区の縛りがかけられるが、「理数科」や「グローバル科」のような「専門学科」の形をとればその限りではないからだ。それが実質的な「特進クラス」のような役割を果たし、大学進学実績を跳ね上げる。長らく低迷が続いていた大阪の北野高校や京都の堀川高校が京大をはじめとする難関国公立大合格者数を伸ばすことができた理由の1つには、専門学科の設置がある。

さて、都立高校改革の成果はすぐに現れた。1993年には1人にまで減ったこともある日比谷高校の東大合格者数が、2010年には30人の大台を超え、2016年には53人にまで伸びた。2018年には48人で、およそ50年ぶりにトップ10に返り咲いた。

マスコミはこぞって「都立復権」と見出しを掲げたが、ここでちょっと冷静になりたい。学区を広げれば、当然都立高校間の競争が激化し、優勝劣敗がはっきりする。難関大学の進学実績を伸ばして人気が上昇する学校が出る一方で、どんどん不人気になりますます進学実績を出せなくなる学校も出てくる。

実際、2018年の都立高校入試ではなんと定員割れが生じ、史上初となる第3次募集を実施したが、それでも定員は埋まらなかった。背景には東京都が進める私立高校実質無償化政策がある。一定以下の都立高校が受験者から見放され、私立高校に生徒を奪われた格好だ。

また、2018年の東大合格者数を見る限り、日比谷高校のほかに「復権」といえそうな都立高校は、国立高校の26人および西高校の19人、戸山高校の11人くらいである。その他の進学指導重点校3校に関しては合計しても10人。いわゆる都立二番手校グループに当たる進学指導特別推進校7校を合計してもたったの5人。都立上位校の中でも最難関大学合格実績の差が広がっている。

都立最上位校でも、日比谷、国立、西、戸山以外の難関大学進学実績はいまのところ私立中高一貫中堅校と同程度であり、中学受験層から生徒を取り返すほどではない。

焦りのせいだろうか。教育委員会からのプレッシャーがあるのだろうか。都立三番手校グループに当たる進学指導推進校の某高校では、新任の校長が赴任するや、大学進学実績の向上を掲げ、伝統的な学校行事の数々を廃止してしまい、生徒や保護者から不満の声が上がっている。

ある高校受験生の保護者は、「学校説明会に参加してびっくりした。いまは私立よりも都立高校のほうが、大学進学実績だとか受験勉強だとかのことをうるさくアピールする。自分のころとは真逆」と言う。

地方公立高校出身者同士の夫婦は、「地方の感覚で、公立高校のほうがいいだろうと思って長男は都立高校に行かせました。でも、次男は都立に合格できず、私立に行きました。するとびっくり。東京では都立よりも私立のほうがおおらかなのですね。学校にもよるんでしょうけれど」と話してくれた。

娘を都立トップ校に通わせる私立有名進学校の教員は「表向きは生徒の自主性を大切にするとか部活もやらせるなどと言うが、自分の勤務校と比べたら都立高校は相当にやらせている。生徒も大変だし、教員も大変だと思う。自分も都立高校出身だが、昔とは全然違う」と証言する。

学校の建て直しをするときに、まず進学実績を高めて世間からの評価を得るというのは間違った方法ではない。しかし伸びが鈍化するときが必ず来る。そのときまでに進学実績以外の学校の財産を築くことができるか。そうでなければ結局また受験生たちは、より高い進学実績を出している進学校に流れていってしまう。それでは「名門復活」とはいえない。ただの進学校だ。

都立高校改革は一定の成果を上げた。しかし弊害も出始めている。そろそろ新しい局面に移行する時期だと思われる。

「母数」のトリック

その点、多くの地方においては、「ご当地名門校」の伝統や誇りがいまでも温存されており、生徒たちに、社会のリーダーとしての自覚や意欲を与えている。実際そのような学校を訪れると、開成や灘を訪れたときと同じ匂いを感じる。生徒や卒業生の自負心は、開成や灘も恐るるに足らずといった感じ。彼らは地元では、やっかみも含め、一目置かれる存在である。

特に「旧制一中」「旧制二中」などと呼ばれる戦前からのトップ校は、伝統的にリーダー育成を使命としており、勉強ができるだけでは良しとはされず、文武両道や自主自律の精神を重んじる校風が共通している。大学受験にはおよそ関係のなさそうな伝統行事や奇妙な風習が脈々と受け継がれ、部活の加入率も100％を超えることが多い（かけもちするためである）。県でトップの進学校でありながら、全国レベルの成績を残す部活が多数あることも、地方では珍しくない。

東大・京大・国公立大医学部ランキング（１５１ページの表２）で公立高校２位の**愛知県立旭丘高校**では、さぞかし受験指導に力を入れているのだろうと思うかもしれないが、放課後や長期休暇中の講習の類いは実施していない。東大コースや京大コースのようなコース分けもしていない。

新潟県立新潟高校の高３生は次のように話してくれた。

「ギリギリまで部活をやりたかったので、高１から東進衛星予備校（第２章参照）に通って早め早めに受験勉強を進めるようにした。学校が大量の課題を押しつけるスタイルではなかったからこそ、自分のスタイルで学校の勉強と部活と塾の全部をこなすことができた。学校が課題を押しつけてくるようだと、きっと言われたことしかできないひとになっちゃいますよね」

もちろん地方によって温度差はある。予習・復習の仕方、ノートの取り方まで学校が細かく指示するという公立高校もある。「学校が大量の課題を出して、頻繁に演習授業を実施し、テストもたくさんやる。現役のときに東大に合格することができなかったのは、学校のやり方に付き合いすぎて自分の学習スタイルを確立できなかったからだと反省している」と漏らす地方公立高校出身の東大生もいた。

2018年4月、九州の県立高校の多くが、「0限」授業を半ば強制にしていることが問題として指摘され、大きく報道された。同様に、北陸地方では「7限」授業が常態化している。

もちろん生徒の希望の進路を実現するためではあるのだが、これには、学区制限や人口減の中でもなんとか進学実績を維持したい学校の、背に腹は代えられない思いもあると推測できる。

たとえば福岡県立修猷館高校は2018年、東大に19人、京大に15人の合格者を出している名門校だ。しかし実はたった60万〜70万人の人口規模の学区からしか生徒を集められない。これは日比谷の20分の1程度の母数でしかない。その条件下で、これだけの実績を上げていることは驚きに値する。またたとえば、福井県は全県1学区にしているが、そもそもの県全体の人口が80万人を切っている。それが、人口1300万人の学区を抱える東京都の日比谷高校や西高校と比較されてしまうのだから、分が悪い。

格差是正のジレンマ

勉学するところである高校の教育の成果の1つとして、大学進学実績に注目が集まるのは当然のこと。そんな中、大学進学において私立高校のほうが優位に見えてしまうと、お金持ちでないと高学歴を手に入れられない社会であるとして批判の声が高まる。だから教育委員会としては「公立復権」を掲げる。

学区を広げれば、トップ校の進学実績を引き上げることは比較的容易にできる。特に人口規模の大きな都市では効果がてきめんだ。学区拡大に合わせてＩＣＴ（＊情報通信技術［Information and Communication Technology］の略。ここでは、教育にコンピュータやインターネットを活用することを示す）の導入やアクティブラーニングの推進、進路指導の強化を形だけでも行いアピールすれば、あたかも教育改革によって大学進学実績が伸びたように見せることも可能だ。

しかしこのような手法をとると、公立高校間の序列化が進む。下位校はますます窮地に追い込まれる。

つまり、私立進学校との格差是正に取り組めば今度は、公立高校が本来保つべき「公平性」に抵触するというわけだ。ジレンマである。

「私立進学校との格差是正」と「公立高校間での格差是正」のどちらを優先すべきかという問いは、そのまま「公立高校の社会的意義は何か？」という問いに置き換えられる。つまり、戦前のナンバースクール制度のように公立高校の中にも学力帯による階層があってもいいとするのか、かつて東京都などで導入された学校群制度が目指したようにどの公立高校も均一に幅広い学力帯の生徒を受け入れるべきだとするのかという選択だ。

現在は全国的に前者の方向性に進んでおり、それは現実的には正しいと私は思う。**学校ごとの大学進学実績を横並びにそろえることよりも、生徒が自分に合った学校を選べることのほうが本質的に重要だと思うからだ。均質な教育環境よりも、多様な教育環境の中から自分にできるだけ合った環境を選べることのほうが、本当の機会の均等だと思うからだ。**

そしてその結果、各学校の伝統や文化が守られ公立高校の中にも個性的な学校が増えれば、社会の多様性も増すのではないかと思う。

ただし、それには1つだけ条件がある。

ここでいう学校間の階層とは、あくまでも教科学習という狭い分野での15歳時点での習熟度にすぎず、そこに通う人間の価値に序列を付けるものではないという社会的コンセンサスが必要だ。

前出の新潟高校の３年生はこうも言っていた。

「勉強の得意不得意で人間の価値を判断するのは違うと思う」

18歳にしてわかっている。それが名門校で学んだ成果でもあるわけだが、世の大人たち、特に子供をもつ親の立場の大人たちがこれを肝に銘じて偏差値主義的な価値基準を改めなければならない。時間のかかることだと思うが、１００年かかってもやり遂げなければいけない。

これは教育委員会や文部科学省の仕事ではない。私たち、巷の大人たちの責任だ。

本章のポイント

・高校の進学実績は、東大・京大・国公立大医学部の合計を見るべき。

・地方では優秀な子供が公立高校に集まる「進路づけ」の法則がある。

・「都立復権」はごく一部の上位校だけを見た表現。

第10章　受験エリートでなくても医師になる方法

「東大」より医師免許

日本の難関大学に進学することが目的ならば、前章までで本書を閉じてもらってもかまわない。ここからは日本の受験・進学システムの外へと飛び出すことで、日本の教育の矛盾・課題・希望を見出す。

「そんなにみんな医者になってどうするんだと思いますけどね」。奈良の**東大寺学園**の進路指導担当教員は苦笑いする。また、神奈川の**浅野**の進路指導担当教員も、「東大合格者が減って世間から厳しい評価を受けた年がありました。実は国公立大医学部進学者がその分増えていたんです。でも世間はそこまで見てくれない」とぼやく。鹿児島の**ラ・サール**や東京の**巣鴨**の生徒たちにも**「東大より医学部」という選択**が増えている。

なぜ「東大よりも医学部」なのか。

長引く不況で世間には先行き不透明感が立ちこめている。企業における終身雇用制や年功序列は影を薄め、「学歴」の価値も相対的に弱まっている。そんなムードの中、「大学ブランドよりも手に職」という価値観が強まっていることは想像に難くない。その最たるものが、「医学部狙い」なのだ。

たしかに現在「医師」になればある程度の高収入が期待でき、社会的地位も認められやすい。しかしそれだけの理由で医師になるというのでは心許ない。医師とは、ひとの生死に直接的に関わる仕事。本来高い倫理観や信念が求められるはずだ。

しかも前章で確認したとおり、医学部はどこも超難関だ。そこに歪みも見られる。いまに始まったことではないが、俗に「東大理Ⅲ（医学部）問題」という。「医者になりたいから医学部に行く」のではなく、「偏差値が最も高いから東大医学部に行く」という受験生が少なからず存在するのだ。

日本の「受験システム」におけるごく一部の〝勝ち組〟すなわち〝偏差値長者〟にしかその門は開かれていない。「医師になりたい！」という志がどんなに高くても、偏差値が足りなければ医学部を志望することすら「非現実的」と一蹴されてしまう。**「医師の受験エリート化」**である。

しかも、私大医学部進学には金がかかる。６年間にかかる学費総額は国公立大医学部で約３５０万円。それが私大医学部になると２０００万～４５００万円といわれている。大学の奨学金や地方自治体の奨学金でも利用しない限り、とても一般的なサラリーマン家庭では私大医学部に通わせてやることができない。**医師になるには、学力だけでなく家庭の経済力も求められるのである。**

ハンガリーで医学を学ぶ

医師という仕事の尊さはわかりやすい。純粋な気持ちで医師を目指す若者も多いはずだ。しかし自分の偏差値を見て、はなから「無理だ」とあきらめてしまう場合も多いのではないだろうか。

吉田いづみさんもその一人だった。小さなころから医師に憧れをもっていた。ところが高校受験が思いどおりにはいかず、医学部は無理だと15歳の時点であきらめた。国際関係の方面に進もうと一度は考えたが、憧れは捨てきれなかった。自分の成績ではどんなにがんばっても日本の医学部は無理。そこで海外大学に目を向け、日本の大学は受験しなかった。

アメリカとイギリスは学費が高くてとても無理。カナダやオーストラリアで学んで日本で活躍している医師というのは調べてもヒットしない。中国という選択肢もあったが、中国語で医学を勉強することには抵抗が大きかった。

調べていくうちに、ハンガリーの国立大学医学部が、積極的に外国の学生を受け入れていることがわかった。日本に窓口もある。すぐに説明会に参加した。すでに高校を卒業したあとの5月のことだった。

日本の私立大学医学部に行くことを考えたら、生活費を含めても約半分の費用ですむ。入学試験はあるが、日本の医学部ほどに難しくはない。

「これなら私でも医学を学べるかも！」

すぐに入学の出願をした。予備コースへの入学が認められ、6月にはハンガリーに渡り、首都ブダペストにあるセンメルワイス大学に通い始めた。予備コースが始まるまでの3カ月間で英語の特訓を受けるためだ。9月からは1年間、予備コースで英語と理科系科目の基礎を中心に学んだ。1年後、本コースの入学試験に合格。医学生としての6年間の生活が始まった。

同時に入学したのは世界中から集まる２００人強の学生。日本からも15人くらいが入学した。共通言語は英語。授業も英語で行われる。

吉田さんは現在3年生。ハンガリーで医師を目指すという選択を、強くおすすめしたいと言う。

「勉強はたしかに大変ですが、特別に学力が高い必要はないと思います。自己管理をしっかりして、まじめにやりさえすれば定期試験はクリアできます。日本の有名進学校から来ている学生もいました。でもそういう学生のほうがあきらめるのが早い傾向があるように思います。東大合格者ランキングのトップ10に入るような有名進学校からも何人か来ていましたが、1年生の1学期だけでほとんど日本に帰ってしまいました」

日本の受験勉強で学力上位だったからといって、ハンガリーの医学部でそれが通用するとは限らないらしい。

「私の学力では日本の医学部にはどこにも入れなかったと思います。でもいまこんなに恵まれた環境で医師になるための道を歩んでいるのです。ハンガリーという選択に気付くことができて良かった」

もともと国際系の仕事にも興味があった吉田さんである。ドナウ川が流れる美しい街並みの中、世界各国から集まった仲間と英語で医学を学べる環境は、吉田さんにとって一石二鳥とも三鳥ともいえる。

「勉強の合間に散歩をすると、ドナウ川の景色や夜景に癒やされます」

一人暮らしのアパート代が月約5万円、生活費は月約10万円。

「首都ブダペストでなく、地方の大学に行けばもっと安くすむと思います」

勉強は、座学が中心の前半3年間が特に厳しい。年4回ある定期試験をすべて合格しないと進級できない。計12回の定期試験を乗り切れば、はっきり先が見えてくる。実技系が増えてくる後半3年間での留年は少ない。

無事6年間のカリキュラムを終えると、卒業と同時にEUで通用する医師免許が得られる。日本で医師として働く場合には日本の医師免許を取得しなければならないが、いまのところハンガリー帰国組の合格率は49人中41人と、8割を超えている。

日本の偏差値は参考にならない

ハンガリー医科大学日本事務局は、東京都新宿区にある。ハンガリーで学び、医師になるしくみについて、専務理事の石倉秀哉さんに聞いた。

——ハンガリー政府はいつどういう目的でこのような制度を設けたのか?

１９８０年代に始まりました。理由は大きく2つあります。1つは外貨獲得の手段で、もう1つは教育の国際化です。日本の大学がいま積極的に留学生を受け入れているのと同じです。

――ハンガリーの医学教育のレベルは？

ハンガリー国立大学医学部進学プログラムに参加する4大学は、すべて日本の医師国家試験の受験資格基準を満たしている大学です。ハンガリーの医学部のレベルはもともと高く、特に基礎教育のレベルが評価されていますし、生徒1人当たりの教員の数では日本の医学部のそれを上回ります。

――入学試験ではどんなことを？

書類審査、面接審査、筆記審査があります。筆記は英語と理科のみ。理科は生物・化学・物理の中から2科目を選択してもらいます。本コースへの直接の入学を希望する場合には、さらに2次審査があります。英語による筆記試験と英語による口頭試問があり、英語力や理科の各分野の力を見ます。日本の医学部受験では数学が得意であることが圧倒的に有利になる傾向がありますが、数学力が問われないことが大きな違いです。

――受験資格は？

基本的に、日本の高校を卒業しているもしくは卒業見込みであれば、受験できます。

――入学の難易度は？

日本の医学部にはどこにも入れなかったような学生が、ハンガリーの医学部に合格し、そこで勉強し、実際に日本で医師として働き始めています。日本で医学部をあきらめたようなひとでもチャンスはある。ただし、日本の大学が入口で絞るのに対して、ハンガリーの大学では間口を広くしている分、入ってからが厳しい。

――現在年間でどれくらいの学生が入学しているのか？

説明会参加者が年間約500から600人。その中から実際に出願するのが約200人。合格枠は、予備コースへの入学80人、本コースへの入学20人の合計100人です。予備コースを含めると、入試の倍率は約2倍ということです。

――予備コースから本コースへの試験の難易度は？

予備コースから本コースに上がる試験の合格率は約9割です。ここで合格できない学生はあきらめたほうがいい。予備コースを複数年重ねて合格したケースはほとんど見たことがありません。そういう学生は結局まじめに勉強していないのです。

――最終的に日本で医師免許を取得できる割合は？

２０１３年卒業の１期生から２０１６年卒業の４期生までのデータを集計すると、約１５０人が入学し、49人が卒業して帰国、そのうち41人が日本の国家試験に合格しています。まだ留年している学生もいますし、２０１７年には19人が卒業しているので合格率はさらに上がるでしょう。これまでの実績では、３分の１がストレート、３分の１が留年を経験、３分の１が途中で脱落、卒業率は約50％といったところ。しかし近年は歩留まりが良くなっています。優秀な学生が応募してくるようになったからです。中には日本の医学部合格を蹴って、ハンガリーで学ぶことを選択する学生もいます。**日本の大学入試での医学部志望者すべてを母数にすると、日本で最終的に医師になれる確率は60分の1ともいわれています。それと比べれば、ハンガリーの医学部を目指したほうが医師になれる確率は高いといえます。**３年生から４年生に上がるときに、ハンガリー語の試験がありますが、内容はごく簡単で、ここでつまずく学生はほとんどいません。

――日本の国家試験対策は？

日本の国家試験は毎年２月に実施されます。ハンガリーの大学を卒業してからおよそ６カ月後です。この期間が国家試験対策にはちょうどいい。日本事務局として、この半年間で国家試験対策をするプログラムを用意し、卒業生たちをサポートしています。日本の医学部にはどこにも入れなかった学生が、国家試験では上位5％に入る好成績を残したこともありますよ。

――国家試験に通ったとして、就職先は見つかるのか？

医師として働くためにはまず2年間初期研修医として過ごさなければいけません。初期研修医を受け入れる病院は全国に約2000、受け入れ枠は年間約1万あります。国家試験合格者は毎年約9000人なので、受け入れ先が見つからないということはまずありません。

――今後入学枠を拡大する予定は？

現在の100人が構造的に限度でしょう。医学教育では実技指導も多く、あまり一度に大量の学生を受け入れることができません。それに日本人のシェアが高まりすぎることも、環境として望ましくない。その代わり私たちの事務局では、数年前から、チェコの大学の医学部への入学支援事業も開始しました。

――どんな学生がハンガリーの医学部に向いていると感じるか？

なんといってもモチベーションです。医師が自分の天職だと信じて何があっても最後まで食らいつく気概が大切。いわゆる地頭の良さや人間的な総合力というのは必要だと思いますが、日本の受験システムの中で偏差値がどれくらいだったかはあまり参考になりません。ハンガリーの大学では各学習分野を学期ごとに消化していくので、毎回の試験範囲をしっかりやれば定期試験はクリアできます。試験範囲のない一発試験が得意な学生よりも、定期試験の勉強をコツコツ頑張れる学生のほうが、性格的には向いているかもしれませんね。今年は開成と灘からも入学しました。やはり優秀です。彼らがどんな成果を出してくれるか、楽しみです。

ハンガリーで学び医師を目指すためには、まずは日本事務局の説明会への参加が必須となる。日本各地で頻繁に開催されるので、興味のあるひとは、まずは事務局のホームページをチェックしてほしい。

医師になりたいひとも、弁護士になりたいひとも、公務員になりたいひとも、会社員になりたいひとも、実業家を目指すひとも、みんなが同じテストを受けて1点2点を争い、「偏差値」という格付けによって進路を選び、それによって職業がある程度決められていく。いわゆる「受験勉強」に最適化した能力をもつ者がより多くの選択肢を得る。それが日本の進学システムだ。

この弊害を取り除こうと、高大接続改革（＊文部科学省が取り組む、高等学校教育、大学教育、大学入学者選抜の一体的改革のこと。大学入試改革は高大接続改革の一環として議論されている）が検討されたり、大学入試改革が進められたりしているが、ことはそれほど簡単ではない（大学入試改革の行方については終章で詳述する）。

だが、ハンガリーで医学を学ぶような「偏差値無用」の選択肢が増えれば、「偏差値」は相対的に力を失っていくだろう。そうすれば高校生以下の学び方も変化を始めるはずだ。意外とそういうところから、日本の教育は変わるのかもしれない。

本章のポイント

・「東大よりも医学部」という選択が増え、医学部が超難関化している。
・医師になるには、本来、偏差値よりも情熱が大事。
・ハンガリーの医学部を目指すほうが医師になれる確率が高い。

第11章　海外大学受験の実際

「純ジャパ」はむしろ有利

前章では、海外に目を向けることで、〝受験エリート〟でなくても医師として働く道が拓けることを紹介した。また第7章では、「大学入試改革」の混乱を避けるため、私立大学付属校の人気が高まっていることを説明した。しかも昨今は、「グローバル教育」の重要性が叫ばれている。であるならば、初めから日本の受験システムを回避して、海外の大学を目指すのはどうか。

「娘が、東大と海外大学の両方を狙いたいと言うので、いま、塾を探しています。東大入試に対応できる数学の塾と、海外のトップ大学に進学できるだけの英語力をつけられる塾の両方です」と、外資系金融企業に勤める永田秀樹さん（仮名）は言う。

娘は中学の3年間をシンガポールのインターナショナルスクールで過ごした。この春、国立大付属の難関高校に合格し、日本に戻ってきたばかりである。

永田さんも妻も東大出身のエリートで、インターナショナルな職場をその目で見てきた。娘がハーバード大学やイェール大学などの海外名門大学に行ってくれるなら、これからの時代、それもありだと考えている。「東大よりもハーバード」「東大よりもイェール」という選択である。

ハーバードをはじめ海外トップ大学への進学を支援する塾「Ｒｏｕｔｅ Ｈ（ルートエイチ）」の担当者は、「この数年で海外大学進学についての問い合わせは、ほぼ倍増」と証言する。**東大を頂点とする日本の学歴ヒエラルキーが変化し始めているのだ。**

「タイムズ・ハイヤー・エデュケーション（ＴＨＥ）」誌の世界大学ランキングによると、東大は２０１４年度までは20位台に位置していた。しかし２０１５年度は43位に凋落、２０１８年度は46位と最低記録を更新した（表1）。世界には東大よりも〝良い〟大学がたくさんあると、広く認知されるようになってきた。

伊藤賢治さん（仮名）は灘中学・高校の出身。東大でも京大でもなく、ハーバードを選んだ。ハーバードの入学者数は毎年約１６００。そこに全世界から約３万の応募がある。しかもアメリカ人以外の合格率は１％といわれる超難関である。

表1：2018年度 THE 世界大学ランキング

順位	大学名	国
1	オックスフォード大学	英国
2	ケンブリッジ大学	英国
3	カリフォルニア工科大学	アメリカ
3	スタンフォード大学	アメリカ
5	マサチューセッツ工科大学（MIT）	アメリカ
6	ハーバード大学	アメリカ
7	プリンストン大学	アメリカ
8	インペリアル・カレッジ・ロンドン	英国
9	シカゴ大学	アメリカ
10	スイス連邦工科大学チューリッヒ校（ETHZ）	スイス
10	ペンシルベニア大学	アメリカ
12	イェール大学	アメリカ
13	ジョンズ・ホプキンス大学	アメリカ
14	コロンビア大学	アメリカ
15	カリフォルニア大学ロサンゼルス校（UCLA）	アメリカ
16	ユニヴァーシティ・カレッジ・ロンドン（UCL）	英国
17	デューク大学	アメリカ
18	カリフォルニア大学バークレー校	アメリカ
19	コーネル大学	アメリカ
20	ノースウェスタン大学	アメリカ
21	ミシガン大学	アメリカ
22	シンガポール国立大学（NUS）	シンガポール
22	トロント大学	カナダ
24	カーネギーメロン大学	アメリカ
25	ロンドン・スクール・オブ・エコノミクス（LSE）	英国
25	ワシントン大学	アメリカ
27	エディンバラ大学	英国
27	ニューヨーク大学（NYU）	アメリカ
27	北京大学	中国
30	清華大学	中国
31	カリフォルニア大学サンディエゴ校	アメリカ
32	メルボルン大学	オーストラリア
33	ジョージア工科大学	アメリカ
34	ブリティッシュコロンビア大学	カナダ
34	ルートヴィヒ・マクシミリアン大学ミュンヘン	ドイツ
36	キングス・カレッジ・ロンドン（KCL）	英国
37	イリノイ大学アーバナ・シャンペーン校	アメリカ
38	スイス連邦工科大学ローザンヌ校	スイス
38	カロリンスカ研究所	スウェーデン
40	香港大学	香港
41	ミュンヘン工科大学	ドイツ
42	マギル大学	カナダ
43	ウィスコンシン大学マディソン校	アメリカ
44	香港科技大学	香港
45	ルプレヒト・カール大学ハイデルベルク	ドイツ
46	東京大学	日本
47	ルーヴェン・カトリック大学	ベルギー
48	オーストラリア国立大学	オーストラリア
49	テキサス大学オースティン校	アメリカ
50	ブラウン大学	アメリカ
50	ワシントン大学（セントルイス）	アメリカ

「灘ではディベート同好会でした。英語で討論する部活です。高2のとき、模擬国連の全米大会に日本代表として出場し、優秀賞を受賞。その後、自分が世界レベルでどこまでやれるのかチャレンジしてみたくなり、海外の大学を目指すことに決めました」

ただし、伊藤さんはいわゆる帰国子女ではない。

「幼稚園のころから公文式を通じて英語に触れ、小4で英検準2級に合格しました。でも中学受験勉強をする間に英語を忘れてしまったため、中学で学び直しました。教科としての英語は得意でしたが、高校では英検やTOEICは受けていません。自分の場合、むしろ『純ジャパ（＊帰国子女ではないことを意味する「純粋ジャパニーズ」という俗語の略）』だったことが良かったと思っています。日本からハーバードを受験するひとには帰国子女が多い。『純ジャパ』は逆に目立つはずだと考え、入学志願書ではそこをアピールしました」

特にハーバードなどアメリカの大学は、能力が同じくらいなら、異なるバックグラウンドをもつ受験生を合格させようとする傾向があるといわれているのだ。

灘に在学していれば、東大対策ならお手の物。しかし海外の大学となるとさすがに情報が少ないはず。どのように対策したのか。

「ディベート同好会の2学年上にハーバードに進学した先輩がいて、彼のアドバイスが大きな後押しになりました。ルートエイチでエッセイやSAT（＊Scholastic Aptitude Testの略。アメリカの大学を受験するときにスコアの提出が求められる学力評価テストの一種）の指導も受けました」

海外大学受験対策に関し、日本では間違った認識も広がっていると指摘する。

「課外活動をたくさんやっていたほうが有利だといわれていると思いますが、受験のための課外活動という発想は誤り。**心の底からわき上がる興味に基づいた活動でなければ意味がなく、手をつけすぎると、逆に一貫性がないと判断される可能性すらあります**」

アメリカの大学にはそれを見極めるプロ集団、すなわち世界中から願書を受け取り、入学者を選ぶ専門部署「アドミッションオフィス」がある。プロの目はごまかせないということだ。

現在、ハーバードの1年生。どんな生活か。

「寮生活なので、ラグビー部の練習を夜中にすることも。図書館も24時間開いているので、時間をめいっぱい活用できます。いまは中国語、数学、エネルギー問題、ライティングの4科を選択しています。中国語は漢字が読める点で有利。数学は万国共通。エネルギー問題については、試験前には友人がいっしょに復習してくれたので、不安は小さくなりました。困るのはライティングの授業です。予習用に渡される課題図書の量が多く、読みこなすだけでも四苦八苦（笑）。さらに授業はディスカッション中心。なかなか発言できないので、教授に相談しました。すると、教授は私が英語力で不利なのを認めたうえで、最初に手を挙げ発言してしまうというテクニックを教えてくれて、しかも『キミを優先的に指名してあげるから』と励ましてくれました」

年収715万円以下なら学費免除

公立高校から進学したケースもある。

林田紀子さん（仮名）は大阪府立千里高校国際文化科出身の「純ジャパ」。現在、キングスカレッジロンドンの「ファウンデーションプログラム（大学予科のようなもの）」に在籍中だ。イギリスの大学は原則として、日本の高校の卒業資格だけでは直接の入学が認められず、1年間の「ファウンデーションプログラム」参加が課される。

「高校在学中に、ライオンズクラブが主催するフィンランドへの短期留学に参加させてもらったり、公文の交換留学制度でスイスの公文学園に行かせてもらったりはしましたが、海外に住んだ経験はありません。イギリスの大学の場合、どうせファウンデーションプログラムで1年をかけて英語力を引き上げるので、入学時点での英語力は、それほどの完成度を求められていないように思います」

林田さんは高校受験時も含め、塾には通ったことがない。海外大学受験の際も、学校のネイティブ教師や海外大学に在籍している友人から、エッセイライティングの指導を受けるなどしたほかは、ほぼ独学で臨んだ。前述の短期留学もほぼ自己負担なし。

「高2の夏に海外の大学に行きたいと思うようになりました。最初はアメリカの大学を目指していましたが、途中でイギリスに変えました。高3で野村総研の小論文コンテストに入賞し、そこで企業の方から直接お話を聞く中で、CSR（＊企業の社会的責任〔corporate social responsibility〕の略。利益を追求するためだけでなく、社会貢献を果たすための事業活動を意味する）に興味をもち、いろいろ調べるうちに、イギリスがCSR発祥の地だと知ったからです。しかし、そこからが大変でした。アメリカでは自分自身を表現するためのエッセイが求められる一方、イギリスでは志望動機を説明するためのエッセイが求められるというように、入試の作法がまったく違ったのです」

奨学金制度も違いが大きい。アメリカのトップ大学は、保護者の世帯年収に応じて学費や生活費を補助してくれる場合が多い。たとえばハーバードの2018〜2019年度の年間授業料は4万6340ドル（約510万円）。教材費や生活費も含めると年間7万ドル（約770万円）前後かかるといわれるが、世帯年収6万5000ドル（約715万円）以下の学生はそれらが完全無償。約6割の学生が世帯年収に応じた奨学金を得ることで、自己負担額は平均で年間約1万2000ドル（約132万円）に抑えられている。返還の義務もない。大学が用意する奨学金が充実しているのだ。

一方、イギリスの大学の年間学費はだいたい1万7000ポンド（約255万円）から2万5000ポンド（約375万円）の間だが、大学からの奨学金を受けられる可能性は極めて低い。林田さんは日本の企業財団から奨学金を得ている。

日本より過酷なアメリカの受験競争

東海林聡子さん（仮名）は地方公立進学校出身。まもなくハーバードを卒業する。

「最初は応用数学を専攻しましたが、ちょっと違うなと思い、3年生の途中で社会学に変えました。しかしそれも違うと感じて、音楽を専攻しました。副専攻はグローバルヘルスです」

アメリカのトップ大学の多くでは、1年時に専攻を特定しない。そもそも「学部」という概念がなく、「専攻」は2年生以降、学生が自由に選び、「宣言」する。専攻として認められるための必要単位はあるが、途中で変更することも自由なのだ。

「途中で専攻を変えて負担も大きかったですが、いろいろなことを学べて満足していま す。またアメリカのトップ大学では、多くの学生が課外活動に時間を費やしています。私は2年生と3年生のとき、学内のオペラのプロデューサーを務め、オーケストラのコンサートマスターもやりました。大勢のハーバードの学生をまとめなければならず、『説得力あるリーダーシップ』の重要性を学びました」

ハーバードともなると、お勉強だけできる秀才ではダメ。最先端の科学を専攻しながら、芸術にも才能を発揮する学生が多い。

1995年に千葉県の渋谷教育学園幕張高校（以下、渋幕）を卒業後、アメリカのイェール大学に進学した経歴をもつ落語家の立川志の春さんも、学生時代を振り返り次のように話す。

「イェールでの4年間は挫折の連続でした。こんなすごいやつらが世界にいるのかという……。学問も文系理系の二刀流で、芸術にも才能があったり、5～6カ国語を話せたり。なんでこんなところに来ちゃったんだろうと思いました」

しかし「天才」のように見える彼らとて、労せずしてそこにいるわけではない。実は、日本の受験エリート以上の受験競争を勝ち抜いてきた猛者たちでもあるのだ。

鈴木洋子さん（仮名）は高校卒業後、アメリカの名門大学に進学し、そこで知り合った男性と結婚。現在ニューヨークの広告代理店に勤める。アメリカの大学進学事情を教えてくれた。

「受験競争なんて日本だけのものだと思っているひとがいたら、大間違いです。アメリカの名門大学に来るような学生は、小学校受験から熾烈な競争を勝ち抜いてきたひとたちで、夫も夫の友人もそういうひとたちばかり。私は父の転勤について行き、たまたま合格してしまっただけですが、幼稚園のころからハーバードやイェールを目指して勉強してきたアメリカ人からすると『そんなのあり得ない』と。いい学校に入ればそれでおしまいではなく、常にオールAに近い成績でないとトップレベルの大学に進めないから、子供も親も気が抜けません。日本の受験に比べてずっと長期戦です。SAT対策の塾もたくさんありますし、有名大学の学生を家庭教師として雇っている場合も多いようです」

ニューヨーク在住の渡辺深雪さんは、20代で渡米し、アメリカで子育てした。2017年、息子がアメリカの名門スタンフォード大学に合格した。

「日米の受験の象徴的な違いを挙げるとすれば、日本が『入試当日のスコアがモノを言う一発勝負の短距離走』、アメリカが『生育環境から子育てのあらゆる選択肢までがカウントされる18年越しのマラソン』。エリート大学を目指すのであれば、高校4年間の成績、履修した教科の難易度、SAT／ACT（＊ACTはAmerican College Testの略。アメリカの大学を受験するときにスコアの提出が求められる学力評価テストの一種）などのスコア、学内外でのスポーツや音楽、アートなどを通した自己表現能力など、そのすべてがトップレベルであることを要求されるだけでなく、第二・第三外国語の習得、ボランティア活動などコミュニティへの貢献、社会課題に対する意識の高さや起業家精神、リーダーとしての資質を証明できる活動の記録などもほしいところ」

マラソンどころかトライアスロンである。

「各大学への共通願書で、課外活動について書く欄は10項目。そこに空欄をつくらぬよう、高校生活の間にそれぞれの活動を同時進行させるための自制心や集中力、時間管理能力がすでに備わっていることは言わずもがなの大前提。でも決定打は何といってもそのすべてを楽しんでやっているという真摯さ。そこが浅いと小論文や卒業生面接ですぐに見破られてしまうので」

アメリカのトップ大学に行くということは、そういう人たちとともに学ぶということなのだ。『ハーバード大学は「音楽」で人を育てる』の著書があり、海外の大学教育事情に詳しいジャーナリストの菅野恵理子さんは、次のように言う。

「さまざまな国籍や考え方の学生の中で、個人として自分の意見を明確に表現すること、相手を尊重したうえで議論や交流をすること、本質的な問いかけをすること、などが重視されます。普段から幅広く物事に関心を持ち、芸術やスポーツで心身を柔軟にしておくのも良いでしょう」

月謝2万5000円の海外大学受験塾

かつてハーバードで教鞭を執り、「ベストティーチャー」に選ばれたこともある開成中学・高校の柳沢幸雄校長は、こう語る。

「アメリカの大学の中でも特にハーバードとマサチューセッツ工科大には、競争心や積極性に富んだ学生が多い。アメリカ文化の経験がないと、まずはそのことに面食らうでしょう。リベラルアーツカレッジなどはその点、多少おっとりしている印象があります。最近では開成からも直接アメリカの大学に進学する生徒が増えていますが、生徒から求められれば、一人一人の経歴を考慮して、進学先選択についてアドバイスしています」

開成は２０１３年、生徒の海外進学を支援する「国際交流委員会」を発足、実践的英語教育などを行っている。アメリカのほかヨーロッパやアジアからも各大学の卒業生を招き、生徒や保護者と直接対話する合同説明会「カレッジフェア」を実施する。海外で活躍するＯＢ組織「グローバル開成会」による講演会も開催されている。何より、ハーバードの入試のしくみを知り尽くした人物が校長を務めるのだから、開成生は恵まれている。２０１７年の海外大学合格者数はのべで22名。実際には７名が海外の大学に進学した。

前出の立川志の春さんの母校・渋幕は、海外大学進学に積極的なことで知られる。２０１６～２０１８年の現役のべ合格数はなんと90（２０１８年4月5日時点）。海外大学進路指導を担当する富田花子教諭に聞いた。

「アメリカの大学に出願するには、まずコモンアップと呼ばれる共通の出願書類一式が必要です。学校の成績証明書、ＳＡＴやＡＣＴと呼ばれる学力テストのスコア、ＴＯＥ

FLのスコア、推薦状、エッセイなどです。大学によっては別途、面接などが課されます。渋幕にはデータが蓄積されていますから、過去の生徒の成績と合格率を見比べて志望校を決めることができます。第1志望から滑り止めまでで、1人あたり8～10校に出願するのが理想です」

合格の決め手は何か。

「アメリカの大学入試はホーリスティック（全人格的）といわれます。学校の成績やSATのスコアが一定水準を満たしたうえで、最終的に合否を決めるのは『訴えかける何か』をもっているかどうかです」

このように、海外進学のノウハウが学校にあればいいが、そうでない場合はどうしたらいいか。「留学フェローシップ」という団体は、海外大学を選択肢のひとつとして日本全国に広める活動をしている。

「もっと海外の大学に関する情報が広まり、進学のハードルが下げられるといい。**海外大学のほとんどは必要書類さえそろえれば、誰でもインターネットで気軽に出願できる**ことを知ってもらいたい」（メンバー）

かつて自らもハーバードで学んだ小林亮介さんは、「HLAB（エイチラボ）」という団体を創設し、海外の大学でのリベラルアーツ教育を日本の高校生に提供する活動を行っている。

「ハーバードでは寮生活を通じ、多様な学生同士から学ぶものが大きいと感じました。それで世界中の大学から学生を招き、寮生活を疑似体験する、泊まり込みのサマースクールプログラムを日本各地で実施しています」

前出・灘出身の伊藤さんも通った「ルートエイチ」は、ベネッセグループ傘下の海外名門大学受験専門塾だ。進学情報の提供はもちろん、エッセイ指導、ＳＡＴやＴＯＥＦＬ対策などを行う。ベネッセコーポレーショングローバル事業開発本部の藤井雅徳本部長に聞いた。

「ハーバードやイェールなどアメリカの『アイビーリーグ』、イギリスの『オックスブリッジ（オックスフォードとケンブリッジ）』のようなトップ大学を目指すための塾です。定員15名のうち、10名くらいが高2以上です。週4日間、18～24時の間教室が開いていて、生徒の好きな時間に好きなだけ予約してもらい、完全に一人一人にカスタマイズした指導を行います」

それでも月謝はたったの、月額2万5000円。中学受験塾よりも安い。

「日本から海外のトップ大学に進学する先鞭をつけるため、利益は二の次で取り組んでいますが、得られたノウハウを別の事業で活かしています。同じくベネッセグループに属するお茶の水ゼミナールの海外大併願コースでは、もう少し難易度が低い海外大学への進学支援を行い、現在150名ほどが在籍。生徒数の多い学校トップ3は開成、桜蔭、筑駒です。通塾が難しいひとにはグローバルラーニングセンターがあり、インターネットを通じた集団授業があります。現在200~300名の受講者の8割が実際に海外大学への進学を希望しています」

さらに「ベネッセ海外留学センター」も、海外大学進学支援を行い、2017年には251名が海外の大学に進んだ。**カナダ、オーストラリア、ニュージーランドなどにも目を向ければ、海外大学という選択は、意外に身近**だということだ。

海外大学進学なら海外でキャリアを

ただし、海外の大学へ直接進学するには、卒業後の進路について事前の十分な検討が欠かせないと、開成の柳沢校長は警告する。

「海外の大学で海外の様式を学んでも、それを求めない日本の企業に就職すると、企業文化になじめず苦しい思いをする可能性があります。日本の大学を経由せず海外の大学に行くとは、まず海外の文化に軸足を置いて職業生活を始めるということ。人生のレールが変わるくらいの覚悟が必要です。東大より難しそうでかっこいいからハーバードというのは感心しません。グローバルという無責任なかけ声に躍らされて海外に行くことには反対です。海外を見てみたいなら、日本の大学に在籍しながら交換留学する方法も、大学院から海外に行く方法もあります」

社会人になってから海外の大学院、いわゆる「ビジネススクール」に通いＭＢＡ（経営学修士）を取得する方法もある。たとえば「ハーバードビジネススクール」は、世界各国から毎年９５００人強の応募があり、２０００人が書類審査を通過して面接にたどりつき、最終的には約９００人が入学する。つまり合格率は約１割。２年間の授業料は約12万８０００ドル（約１４０８万円）。教材費や生活費を合わせ、２年で20万ドル（約２２００万円）以上かかるが、大学同様、奨学金が充実している。

「日本では大学名による学歴意識が未だに強いですが、欧米のエリート層の間では、ビジネススクールの学歴が問われるようになっています」（ハーバードビジネススクールでのＭＢＡ取得者）

2020年度以降の大学入試改革は「明治維新以来の教育大改革」を掲げて始められたものだ。センター試験に代わるテストの複数回受験が見送られるなど、雲行きが怪しくなっているが、「海外大学進学」という「黒船」はすぐ近くまで来ている。外的圧力もうまく利用しながら、「大改革」が良い形で実現されることを願う。国内の大学への進学と海外の大学への進学が垣根なく検討できるような時代が到来すれば、日本の教育は本当に変わることができるだろう。

本章のポイント

・海外大学進学を望む有名進学校生徒が増えている。
・海外大学進学のための専門塾がある。
・日本でのキャリアを想定するなら海外大学進学は慎重に検討すべき。

第12章　インターナショナルスクールにご用心

どこの国でも困らないように

第10章、第11章では日本の高校卒業後に海外の大学へと進んだ若者達を紹介したが、どうせ海外の大学に行くのなら、小学校から日本の教育システムには乗らず、インターナショナルスクールに通わせるという選択はどうなのか。

そこで、東京都港区にある**東京インターナショナルスクール**を訪れた。

子供たちの全身からにじみ出る雰囲気に緊張感がない。いい意味で。日本の学校を訪れたときには、子供たちが見えない鎧を着ているように感じることも少なくないのだが、それがない。

校舎に入ってすぐ目に飛び込んでくるのは、お風呂とピアノをそれぞれモチーフにした2つの大きな手づくりのオブジェ。お風呂もピアノもポップでカラフルで曲線的に表現されている。まるであのテーマパークの名物アトラクション「イッツ・ア・スモールワールド」の世界観だ。

そう。この学校自体がまさに「イッツ・ア・スモールワールド」なのである。年長から中2に相当する9学年合計で定員は360人。なんと世界60カ国から子供たちが集まっている。日本国籍しかもたない生徒の割合は各学年で5~8%。

入学時には入学金が30万円および施設開発の寄付金が50万円、学年によって年間授業料は187万~241万5000円。そのほかに施設維持料が10万円、送迎バスを希望する生徒は別途年間費用が34万円かかる。しかし約8割の生徒については、親が所属する政府・企業が費用を負担しており、自腹の家庭は少ない。

「おそらく東アジアで最も自国籍のみの生徒が少ないインターナショナルスクールです」というのは、創立者の坪谷ニュウエル郁子さん。日本の受験社会に疑問を感じ、1970年代にアメリカの大学に進学した。9年間を過ごし、帰国後、理想の教育を実現するため、英語で学ぶテーマ探求学習スタイルの私塾を開いた。それが現在の「東京インターナショナルスクール」にまで発展する。

坪谷さんはとにかくパワフルで一本気。東京インターナショナルスクール理事長のほか、国際バカロレア機構日本大使、内閣官房教育再生実行アドバイザーほか、数々の委員や客員教授の肩書きを併せもつ。

東京インターナショナルスクールと教育理念をともにする幼稚園とアフタースクールも運営する。NPO「インターナショナルセカンダリースクール」では2000年から軽度発達障害の子供たちの才能を引き出す教育も実践している。

校舎を案内してもらった。日本の公立小学校とは雰囲気がまるで違う。各学年の教室の一角には必ずラグが敷かれていて、授業は毎回、ラグの上でのディスカッションから始まる。**休み時間やお昼休みは決まっているが、専科の授業以外の時間割はない。そもそも算数や理科や社会といった教科の概念がない。だから教科書もない。**

「各学年を6週間ずつ6つのタームに分けてカリキュラムを構成しています。各タームには取り組むべきテーマが決められており、そのテーマに沿って、学際的に学びます」(坪谷さん、以下同)

たとえばあるタームでは「恐竜」について学ぶ。またあるタームでは「芸術家」について学ぶ。理科的な側面からも、社会科的な側面からも、数学的側面からも、言語的な側面からも、多角的にアプローチして対象を捉える。議論し、調べ、まとめ、表現する。

「恐竜というのは実は入口にすぎません。恐竜をテーマに学習することで、絶滅や死、サバイバルや進化といった上位概念を自然に理解できるようになることが本当の目的です。私たちはこれを『普遍の真理の追究』と呼んでいます。この学校の生徒たちの大半は、海外からの駐在員の子供たち。数年後には世界のどこの学校で学んでいるかわかりません。だからこそ、どこの国に行っても学習が継続できるように、時代にも場所にも限定されない学びが必要だという考えのもとに、カリキュラムを構成しています」

たとえば音楽の時間もディスカッションから始まる。「広告はひとの選択に影響を与える。だとすれば広告の中に使われる音楽も、ひとの選択に影響を与えていることになる。広告における音楽の役割について議論してみよう」などとお題を振るのだ。

1つのテーマについて、「それはどのようなものか」「それはどのように機能するのか」「それはなぜそうなのか」「それはどのように変わっているのか」「それは他のものとどのようにつながっているのか」「どのような見方があるのか」「私たちはどのようにして知るのか」「私たちにはどんな責任があるのか」という8つの観点の問いのうち少なくとも3つを、教師が投げかける。

議論の際には、あえて感情的な視点で考えたり、あえてネガティブな視点で考えたりと、意識的に視点を調整する方法も教える。

授業は英語で行われる。英語を母国語としない生徒のためには、英語の速習プログラムを用意している。日本語は、「外国語」として学ぶ。

生徒には1人1台のノート型パソコンが貸与されており、休み時間に小さな子供たちがパソコンを抱えて教室を移動する姿は微笑ましい。

毎日の授業での各生徒の態度や成果は、その日のうちに担任が、生徒ごとに用意されたオンラインの「連絡帳」に書き込む。保護者はインターネットを経由していつでもそれを見ることができる。成績は、アメリカの「USA．コモン・コア」と呼ばれる基準と「国際バカロレア」に準じて付けられる。生徒たちはそれぞれの能力に応じて自分の目標を定め、学習の成果を自分でプレゼンテーションする。数学および読解と作文については、世界中のインターナショナルスクールで採用されている標準テストも受験する。

何から何まで、「日本の学校」とは違う。

比較的安価なインド系

東京インターナショナルスクールは、日本の学校法上では各都道府県が認可する「各種学校」に分類される。義務教育機関とは認められていない。それでも各種学校に認可されていればまだましだ。各種学校にすら認められておらず、実質的に「私塾」と変わらないインターナショナルスクールも多数存在しているのが実情なのである。**つまりインターナショナルスクールだけに通っても、義務教育を受けたとは認められない。**

義務教育課程でインターナショナルスクールに通うためには、たてまえ上、公立の小学校や中学校に籍を置き、「不登校」という扱いになる。

そもそも「インターナショナルスクール」という概念が非常に曖昧だと坪谷さんは指摘する。

「もともとは親の都合でやむなく外国で教育を受ける子供たちのための多国籍な学校という意味合いでした。しかしいま、その概念が揺らいでいます。この5年間で、中東やアジアでは『インターナショナルスクール』が倍増していますが、生徒の7~8割が自国の子供たちだったりするのです。『インターナショナルスクール』という言葉が、『欧米式のプログラムを取り入れた学校、もしくは英語を教授言語とする学校』というくらいの意味合いで使われていることも多い」

学校の教育課程を規定する主要な国際基準は、ケンブリッジ大学のAレベル、アメリカ式のＳＡＴおよびＡＰ、そして国際バカロレアの3種類。このいずれかに準拠している学校をインターナショナルスクールと呼ぶ傾向にあるという。

「中には白人や黒人など、いかにも国際的な外見をしていれば、授業料を無料にするという学校もあります。そうやって見た目上の環境を整え、自国民のお客さんを呼び込もうという戦略です」

グローバル化の波の中で、グローバルな教育を受けさせたいと思う富裕層をターゲットにしたインターナショナルスクールが雨後の筍のようにできているというのだ。当然ながらインターナショナルスクールならばどこでもいいと言える状況ではない。

東京インターナショナルスクールは、国際的なインターナショナルスクール認定機関であるＣＩＳ（国際学校協議会、Council of International Schools）とアメリカの学校評価機関であるＮＥＡＳＣ（ニューイングランド学校協議会、New England Association of Schools and Colleges）、そしてＩＢＯ（国際バカロレア機構、International Baccalaureate Organization）からの認定を受けている。それがいわゆる「品質保証」になっている。日本にはそのほか、アメリカのＷＡＳＣ（西部地域学校協議会、Western Association of Schools and Colleges）からの認定を受けている学校もある。

CISに認定されている学校は日本国内に19校。東京で老舗といえるインターナショナルスクールとして有名なのは、**セントメリーズ、清泉、聖心**の3つ。**横浜インターナショナルスクール**は、世界で2番目に古いインターナショナルスクールだ。

「アメリカンスクール」というのは、インターナショナルスクールとは趣旨が違う。アメリカ人が、海外でもアメリカの教育を受けられることを目的とした学校で、海外における「日本人学校」と同じ意味合いだ。「ブリティッシュスクール」や「朝鮮学校」も同様。これらは俗に「民族学校」とも呼ばれる。

比較的安価に英語による教育を受けられることで最近注目されるインド系のインターナショナルスクールもこの仲間だ。

インディア・インターナショナル・スクール・イン・ジャパン（IISJ）は日本で最も古いインド系のインターナショナルスクールで、東京の江東区と横浜の緑区に校舎がある。年間授業料は60万円。さらに設備費・スクールバス送迎費が20万円かかる。

国際バカロレア準拠の教育課程を選択すると、年間の授業料は150万円になる。そのほか国際バカロレア登録料2万円や高3相当での卒業認定試験料16万円などがかかる。

安価だと言っても、一般的な私立小学校の学費よりも高い。

「バイリンガルに育てる」はナンセンス

玉石混淆な部分はあるものの、インターナショナルスクールとは、日本の学校教育に疑問をもつ家庭にとっての数少ないオルタナティブ（別の選択肢）である。特に東京インターナショナルスクールのようにユニークで、かつ国際的な「品質保証」を受けている学校があるのなら、高額な学費を払ってでも「わが子を通わせたい」と思う教育熱心な保護者がいることは想像に難くない。

インターナショナルスクールに入学するには英語ができることが前提なので、インターナショナルスクールに入るためにオールイングリッシュの幼稚園に通わせるのが、都心に住む一部の保護者の間で流行っている。そのような幼稚園を「インター幼稚園」や「プレスクール」という。かつての「お受験」熱が、幼児期からの「グローバル教育」熱に移行しているのだ。

あるメディア関係者は「かつては子育て中のママを対象に、『お受験』をテーマにしたセミナーを開くと大勢集めることができました。しかしこの数年は『グローバル教育』というテーマのセミナーが大人気です」と証言する。

しかし坪谷さんは意外なことを口にする。

「日本に軸足を置いて生きていくことを前提にするのなら、少なくとも義務教育期間中は、インターナショナルスクールに通わせるべきではありません」

理由は2つ。

「1つは日本語を深く学ぶ機会を失ってしまうから。日本に住んでいれば日常会話には困らないという意味でバイリンガルにはなれますが、学校での知的刺激がすべて英語になってしまうと、日本語で考える脳が育ちません」

日本での生活を前提にするのなら、あくまでも思考のベースは日本語であるべきだというのだ。日本語が話せることと、思考ツールとして日本語を駆使できることとは違う。

実際、インターナショナルスクールの子供たちは、中学校相当レベルを卒業すると、海外の高校に進学するか、高校をもつほかのインターナショナルスクールに転籍することが多い。高校相当レベル卒業時には、海外の大学に進むケースがほとんどだ。日本の学校に戻るケースは稀である。

「2つめは、日本の学校教育が素晴らしいからです。海外と比べて日本の教育はダメだとよくいわれますが、本当にそうでしょうか。客観的に評価すべきです。ＰＩＳＡの成績を見る限り、1億人以上もの人口がいる大国で、これだけの教育水準を保てているのは日本くらいです。学力面だけではありません。世界から羨望の眼差しで見られることも多い、日本人の共生の精神は、日本の学校文化の中で育まれている部分が大きい。むしろ日本の教育の良い点をもっと世界に広めていかなければいけません」

日本人は自国の教育を卑下しすぎだというのだ。

「『お客様』として海外の教育を受けたひとたちが、『アメリカでは……』などと話を誇張しすぎです。私はアメリカの教育のひどさもよく知っています。あれをまねしようだなんて、『お客様』視点の無責任な意見です」

東京インターナショナルスクールの生徒たちは、親の都合でやむなく東京で教育を受けることになった子供たちであって、いわゆる普通の日本人が通うことを想定はしていない。

「日本の教育の唯一の問題点は、自己肯定感を下げてしまうことです。減点主義が主な原因の一つだと私は思います。そこさえ補えればいい」

日本人の子供には、普通に公立小学校に通いながら、放課後にアフタースクールに来ることをすすめている。アフタースクールでは、英語で探究型学習を経験しながら、自己肯定感を高める。

「私は国際会議に出ても遠慮せず自分の意見を言うことができます。でもそれは、場数とテクニックの問題です。大人になってから身に付ければ十分間に合います。子供のころはそのような表面的なスキルを身に付けるよりも、時代にも場所にも限定されない、普遍の真理を追究することのほうが大切です。それが本当の意味でのグローバル教育ではないでしょうか」

無理なく英語を習得させる目的でインターナショナルスクールに通わせる保護者もいるが。

「それこそナンセンスです」

坪谷さんに限らず、きちんとした教育理念をもってインターナショナルスクールを運営している多くの経営者からすると、「インターナショナルスクール＝バイリンガル教育」とみられる昨今の傾向には複雑な思いがあるようだ。

「アメリカの国務省には、世界各国に駐在員を派遣するために事前にその国の言語を日常会話レベルまでは習得させる速習プログラムがあるのですが、アメリカ人にとって比較的習得が易しい言語で約４８０時間が必要だそうです。そして最も難しいのが日本語で、約2760時間必要です。1日8時間勉強しても、345日かかる計算です。ということは逆に考えて、日本人が英語を学ぶのにも同じだけの時間が必要でしょう。私の経験則では、日本人がネイティブレベルの英語を身に付けるにはさらにその倍の時間が必要です。そこまでして、英語でネイティブと対等に議論ができる〝グローバル人材〟を育てる意味があるでしょうか。投資効果が悪すぎます。今後は自動翻訳機があれば、コミュニケーションツールとしての外国語は不要になります。もっとほかの学びに時間を割くべきです」

国際的な教育団体からもお墨付きをもらっているグローバル教育の実践者・先駆者にこれを言われては、ぐうの音も出ない。

自国の教育に対しても「減点主義」で見てしまう癖が、私たちにはあるのかもしれない。「ないものねだり」的視点で議論された教育改革では、きっと減点主義的な教育しかつくれない。結果、日本の学校は、「あれもやる。これもやる」で、教員や子供たちへの負荷ばかりが高まっている。そんなことではなおさら子供たちの自己肯定感を下げてしまうことが目に見えている。

坪谷さんは両手で大小の輪をつくりながら言う。

「日本人はこれくらいのことを、これくらいに小さく言う癖があります。謙虚とも言えますが、自己評価が低いとも言えます。アメリカはその逆。この程度のことを、こんなに大きく誇張する癖があります。どちらもダメです。私が育てたいのは、これくらいのことを、そのままこれくらいと言える子供たちです」

減点主義的に日本の教育を卑下するのでなく、日本の教育の優れた点にこそ目を向ける必要がありそうだ。そのうえで、**「あれもやる。これもやる」ではなく、「これはやらない」と決めることも必要**なのかもしれない。

インターナショナルスクールを訪れて感じたことは意外にもそういうことだったのである。

本章のポイント

・インターナショナルスクールは玉石混淆。
・英語の習得のために通わせるのはナンセンス。
・日本で暮らす日本人ならアフタースクールで十分。

終章　大学入試改革の行方

センター試験が変わる

最後に大学入試改革の行方を確認しておこう。大学入試改革が2020年度以降に予定されていることは、すでに多くのひとが知っているはずだ。ただしその全容はとらえづらく、教育関係者でもない限り、「センター試験がなくなるらしい」「英語は民間業者のテストを使うらしい」などという断片情報を聞いたことがあるだけだろう。

子をもつ親には切実だ。**2002年4月以降生まれの学年から新制度入試を受けることになる。**もっと微妙な立場に立たされるのが実はその1つ上の学年だ。現役で大学進学を決めなければ翌年から新制度入試。「ルールががらりと変わる」と言われれば、「現役で勝負を決めておかないと、どうなってしまうかわからない」という不安が湧いてくるのは当然だ。改革の具体的な落としどころが気になる。しかも、「落としどころ」は目指す大学のレベルによっても違ってきそうだ。

どんな議論が、どこを目指し、どこまで進んでいるのかをおさらいしておこう。

発端は、2013年10月31日に教育再生実行会議が発表した「高等学校教育と大学教育との接続・大学入学者選抜の在り方について（第四次提言）」である。高校教育、大学教育、大学入学者選抜のあり方の3つの改革を一体的に実施する提言がなされた。

知識偏重の1点刻みの大学入試もダメ、事実上学力不問になっている一部の推薦・AO入試もダメ。「大学入学者選抜を、能力・意欲・適性を多面的・総合的に評価・判定するものに転換するとともに、高等学校教育と大学教育の連携を強力に進める」という方向性が打ち出されたのだ。

さらに「提言」は、現行のセンター試験の弊害を指摘し、代わりに「達成度テスト（基礎レベル）（仮称）」と「同（発展レベル）（仮称）」の2段階の学力テストを行う方向性を示した。「基礎レベル」は高校で学ぶべきことが達成されているか、「発展レベル」は大学で学ぶための素養が達成されているかを測るもの。そして達成度テストの「年間複数回実施」「1点刻みではなく段階別の結果表示」のほか、「外部検定試験の活用」「推薦入試やAO入試に達成度テスト（基礎レベル）を活用する」などのビジョンも示された。特に「年間複数回実施」は改革の目玉とされた。

欧米先進国の大学入試をまねていることは明らかだった。高校3年生になってから問題集や志望大学の過去問を解きまくって身に付ける「付け焼き刃の学力」では太刀打ちできないようにしようということで、たしかに大改革である。そしてこの方向性自体には前向きな評価が多かった。

これを引き継いだ中央教育審議会は、２０１４年12月22日に新しい答申を出し、教育再生実行会議の提言具体化に一歩踏み出した。

「達成度テスト（基礎レベル）」と「同（発展レベル）」はそれぞれ、「高等学校基礎学力テスト（仮称）」と「大学入学希望者学力評価テスト（仮称）」と呼ばれるようになったが、この時点ではまだいずれのテストも年間複数回実施されるという話だった。マークシート形式だけでなく、記述式の問題を含めることにも言及があった。

個別の大学の選抜試験については、「学力評価テスト」の成績に加え、小論文、面接、集団討論、プレゼンテーション、調査書、活動報告書、入学希望理由書や学修計画書、資格・検定試験などの成績、各種大会等での活動や顕彰の記録などの活用を示唆した。

結局、トーンダウン

ところが、さらに具体的な実施方法を検討する段階になると、改革は急にトーンダウンした。2017年7月13日に発表された「高大接続改革の実施方針等の策定について」が一旦の結論である。

要するに、「センター試験の代わりに『大学入学共通テスト』が実施される。その国語と数学については、記述式問題を導入する。記述式問題の採点に関しては、大学入試センターが民間の業者に委託して行う。個別の大学入試では、小論文・面接・集団討論・プレゼンテーションなども実施される。英語においては外部検定試験も導入する」というあたりが、現在のところの既定路線だ。

つまり、それほど変わらない。

文部科学省の担当者が悪いわけではないだろう。もともと広げられた大風呂敷が、どだい無理筋だったのだ。「それでは教科書の履修範囲を終えられない」という声が現場から上がるのは、日本の大学入試が学習指導要領と検定教科書にがんじがらめにされている以上、しかたのないことだ。入試問題と学習指導要領と検定教科書が三つ巴になっている限り、高校の授業の進度と内容に入試が縛られるのは宿命である。

アメリカの大学を受験するときに必要になる標準学力テストSATは、年7回実施されている。学習指導要領も検定教科書もないので、高校の授業の進度はバラバラという大前提。SATで早くいいスコアを取りたければ、自分で勉強しなさいということだ。

学習指導要領と検定教科書を入試から切り離す。そこまで腹をくくらなければ、年複数回実施などできるわけがない。そうでもしなければ、学習指導要領に定められた検定教科書の内容を「試験範囲」とする「教科書絶対主義」「知識偏重型教育」からいつまでたっても離れられない。そこまでやるつもりなのかと、2013年当初は期待したが、そうはならなかった。

念のため付け加えるが、学習指導要領や検定教科書の内容が悪いといっているわけではない。その影響が強すぎることが大学入試改革のネックになっているという指摘だ。

優秀な受験生には「ファストパス」

個別の大学の入学者選抜についても触れておこう。

具体的な議論はまだあまり聞こえてこない。ただし、文部科学省の方針を受けて国立大学協会は、将来的に入学定員の3割をAO・推薦入試等にあてるという目標を掲げている。また、文部科学省はAO入試においても「大学入学共通テスト」またはそれに準ずる学力評価の実施を必須にすると発表している。ちなみに、2020年度以降、「一般入試」は「一般選抜」に、「AO入試」は「総合型選抜」に、「推薦入試」は「学校推薦型選抜」に名称が変更される予定。

2016年に東大と京大が戦後初となる推薦入試を実施したのには、他大学の入試でも小論文・面接・集団討論・プレゼンテーションなどを実施することへの先鞭をつける意味合いが多分にある。現在は各大学100人の枠だが、今後はこれを拡大する方針だ。

東大の推薦入試で理学部に合格した都内男子校出身者に聞いた。東大推薦入試の枠は「各高校から男女1名ずつ」と決められ、男子校からは1名のみの枠だ。

「高3の夏に化学グランプリ日本大会で銀賞に輝いたことが評価されました。1次選考は、志望理由、大学卒業後の将来像、そのほかのアピールという3種類の書類審査だったので、学校の国語の先生に何度も相談して作成しました。2次選考は普通の面接で、まず志望理由を説明し、約20分間の口頭試問が行われました。提出書類の記述に関して、理学的な視点からの疑問が投げかけられ、その場で回答しなければいけません。いくつか答えられない質問もありましたが、一生懸命答えようとする姿勢を見せて乗り切り、不安でしたが、合格しました」

20分程度の口頭試問で東大入試が終わる。あっさりしている印象だが、高校の調査書や学校以外での実績、3種類の論文提出で、学力の高さは保証されている。本人も「一般入試で受けても合格したと思う」と自信をもっていた。優秀な受験生に、無駄な受験対策をさせなくてすんだわけだ。

付け焼き刃ではない学力を高いレベルで身につけてきた高校生には、今後ますますこうした「ファストパス（入場優先券）」と多様な選択肢が用意されることになるだろう。

私大にもようやく動きが見え始めた。2018年6月、早稲田大学は2021年の入試から、入試のあり方を改革することを明言した。特に看板学部の政治経済学部では、出題科目を全面的に見直す。これまで大学独自問題による3科目受験が可能だったが、2021年以降は全受験生に大学入学共通テストの英数国＋選択科目の4科目を課し、さらに独自入試も行う。独自入試は、教科の枠を超えた合科型の形式をとるとのこと。英語の民間資格・検定試験も全員に課す。

これまで私大と国公立大は、入試科目数で差別化がなされていたが、その垣根が今後あいまいになる可能性がある。

英語民間試験採用はどうなった？

２０１７年12月、数学と国語について大学入学共通テストの試行テストが公開された。英語については翌年3月に公開された。

その試行テストと従来のセンター試験を比べたとき、見た目上のいちばんの違いは、問題文や課題文の体裁である。従来のテストであればほんの数行で終わっていたはずの問題文が、何行にもおよぶ会話文になっていたりする。日常生活や実社会を意識させるために、会話文や図表などを多用し、ストレートに問いを投げかけてはこないのである。その手法は、第5章で取り上げた公立中高一貫校の適性検査にそっくりだ。

まわりくどい問題文をわざわざ読ませることには課題発見能力も測るという意図があるのだとは思うが、問題文が長く婉曲的になればなるほど、文章を速く正確に読み取るのが得意な受験生に有利になる。要するに読解力あるいは速読力の勝負になり、教科そのものの能力が見えづらくなる。たとえば驚異的な数学センスをもっている受験生でも、読解でつまずいてしまうかもしれない。それは教科のテストとしてはいかがなものか。テストの体裁を変えることを目的化して、本来測るべき能力が正確に測れなくなるようなことのないように、今後の調整を行ってほしい。

ある私立中高一貫校の校長はこんなことも懸念していた。「記述式の採点は専門の業者が行うというが、いくら専門の業者でも、50万人分の答案を採点できるほど専門の職員がいるとは思えない。実際は大量のアルバイトに採点させることになるのではないか」。結局は素人に機械的に採点させるのなら、記述式問題を出す意味があるのかという、もっともな疑問だ。

また「日本テスト学会」は試行テストに見られた「5つの選択肢の中から適当なものをすべて選べ」というような多肢選択問題について、実際は選択肢ごとにそれが適切か否かの二者択一をしているにすぎず、「より深い思考力」を求めていることにはならないと指摘する。さらに「テスト理論」の観点から、5問正答のみを正答とし4問以下の正答は0問正解と同じとみなしてしまうことについて、「貴重な個人差情報を捨てる」と批判的な声明を出している。

以上を総合すると「だったら記述式問題も多肢選択問題もなしにして、現行のセンター試験のままでいいじゃないか」という結論になりかねない。

さらに混乱は続く。

２０１８年３月10日、東大が、英語の民間検定試験を合否判定に利用しない可能性を表明した。２０１８年４月３日の「東京大学新聞」では、東大の阿部公彦准教授が英語の民間検定試験導入だけでなく大学入試における４技能評価重視の風潮そのものを一般論として批判している。

「共通テストのプレテスト（＊試行テスト）でも民間試験と同様、遊園地の混雑度をウェブサイトで調べる問題など、日常生活の具体的な状況が題材の問題が多く見られた。しかし『これでは英語力ではなく情報処理の問題だ』」というのだ。

このタイミングで民間検定試験導入に対するネガティブな姿勢を東大が表明したことからは、「いまさら大学入試改革の既定路線をひっくり返すことは難しい。しかしこのままではまずい。自らがいち早く態度を表明することで、他大学の方針に少しでも影響が与えられれば」という思いが感じられる。

冷めた空気が流れる中、２０１８年３月26日には大学入学共通テストの英語で活用される４技能を測る民間試験として、英検（新型）、ケンブリッジ英語検定、ＧＴＥＣ、ＩＥＬＴＳ、ＴＥＡＰ、ＴＥＡＰ ＣＢＴ、ＴＯＥＦＬ ｉＢＴ、ＴＯＥＩＣの８種が合格したことが発表された。

２０１８年７月12日、東京大学のワーキンググループは「出願にあたって（英語の）認定試験の成績提出を求めない」を第一優先順位の選択肢とする答申を発表した。同８月10日に朝日新聞がまとめた調査では、英語の民間試験について、82の国立大学のうち37大学が「活用するか未定」と回答。具体的な方針を示しているのは13大学にとどまった。

かように右往左往の大学入試改革である。改革によって得られるものと、生じる混乱のどちらが大きいか……。

文部科学省は２０１９年度前半に実施大綱を発表するとしている。そのころには大学入試改革第一期の子供たちがすでに高校２年生を半分終えているはずだ。彼らは自分たちが受験する大学入試がどのような形になるのか不明なまま本格的な受験勉強を始めなければならない。混乱が長引けば、受験生の志望校選びに悪い影響を与えかねない。新テストを回避して、結局従来通りの入試を続ける大学に人気が集まるなどという最悪のシナリオもあり得る。

いまだ先行き不透明な大学入試改革であるが、こうなったらもう、これも先行き不透明な時代を生きるための実戦訓練だと思うしかない。この状況をどう乗り切るか、その姿勢こそが問われているわけである。

先行き不透明な世の中では、未来予測も損得勘定もあてにはできない。頼りになるのは自分自身の中の価値観でしかない。

自分がどんな人間で、何のために何を成したいのかを問い続け、そのために必要なことを誠実に学んでおけば、結果的に大学入試改革以降の大学受験でも困ることはないだろう。時代はそのような人間を求めており、そのために大学入試改革が議論されているのだから。

本章のポイント

・2002年4月以降生まれの子供たちが対象。
・当面はそれほど大きな変化にはならない。
・結論はまだ見えない。2019年中には具体案が決まるはず。

おわりに

本書はいわば、私のこの数年の取材成果のおいしいところばかりを凝縮した「ベスト盤」である。各章のテーマに関してより詳しい情報を知りたい場合には、以下の拙著を参照されたい。

第3章のサピックスと鉄緑会については『ルポ塾歴社会』（幻冬舎）、第4章の公文式については『なぜ、東大生の3人に1人が公文式なのか？』（祥伝社）、第5章の公立中高一貫校については『公立中高一貫校に合格させる塾は何を教えているのか』（青春出版社）、第7章の大学付属校については『大学付属校という選択』（日本経済新聞出版社）、第8章の男女別学教育については『男子校という選択』『女子校という選択』（いずれも日本経済新聞出版社）、第9章の公立高校については『地方公立名門校』（朝日新聞出版）。第6章の新型中学入試についても、近く書籍にまとめる予定だ。

本書の内容とは直接対応しないが近いテーマとして、幼児期の習い事については『習い事狂騒曲』（ポプラ社）、中学受験そのものの意義については『中学受験という選択』（日本経済新聞出版社）、全国のトップ進学校については『名門校とは何か？』（朝日新聞出版）、教育熱心な親が陥りやすい心理的な罠については『追いつめる親』（毎日新聞出版）、女子の学歴とキャリアの問題については『ルポ東大女子』（幻冬舎）も参考になるはずだ。

情報過多の時代である。情報に振り回されてはいけない。しかし情報を得ようともせず、過去の経験則あるいは思い込みで判断するのはもっと危険だ。

子供たちの目の前で起きている変化の本質が何なのか、どんな道にどんな可能性があるのか。大人たちはそれを説明できなければいけない。そのうえで、子供たちが納得して自分の道を選べるようにサポートしてほしい。

本書がその一助になれれば、著者として幸甚だ。

２０１８年９月

おおたとしまさ

本書は書き下ろしです。

おおたとしまさ　1973(昭和48)年東京都生まれ。教育ジャーナリスト。麻布高校出身、東京外国語大学中退、上智大学卒。リクルートから独立後は独自の取材による記事を幅広いメディアに寄稿、講演活動も行う。著書は50冊以上。

新潮新書

784

受験《じゅけん》と進学《しんがく》の新常識《しんじょうしき》

いま変《か》わりつつある12の現実《げんじつ》

著　者　おおたとしまさ

2018年10月20日　発行
2018年12月25日　4刷

発行者　佐　藤　隆　信

発行所　株式会社新潮社

〒162-8711　東京都新宿区矢来町71番地
編集部(03)3266-5430　読者係(03)3266-5111
http://www.shinchosha.co.jp

印刷所　錦明印刷株式会社

製本所　錦明印刷株式会社

ISBN978-4-10-610784-9　C0237